DEN KOMPLETTE GUIDE TIL SUSHIMIDDAG PÅ 30 MINUTTER ELLER MINDRE

100 ferske oppskrifter for å mestre kunsten å lage sushi hjemme så vel som på en restaurant

Ellinor Kristoffersen

© COPYRIGHT 2022 ALLE RETTIGHETER RESERVERT

Dette dokumentet er ment å gi nøyaktig og pålitelig informasjon om emnet og problemet som vurderes. Publikasjonen selges under forutsetning av at forlaget ikke er forpliktet til å levere regnskap, offentlig sanksjon eller andre sertifiserte tjenester. Hvis juridisk eller profesjonell rådgivning er nødvendig, bør en fagperson engasjeres.

Ingen del av dette dokumentet kan reproduseres, kopieres eller overføres i elektronisk eller trykt form i noen form. Opptak av denne publikasjonen er strengt forbudt og all lagring av dette dokumentet er forbudt uten skriftlig tillatelse fra utgiveren. Alle rettigheter forbeholdt.

Advarsel Ansvarsfraskrivelse Informasjonen i denne boken er sann og fullstendig så vidt vi vet. Alle anbefalinger er laget uten garanti av forfatteren eller publisering av historien. Forfatteren og utgiveren fraskriver seg alt ansvar i forbindelse med bruken av denne informasjonen

Innholdsfortegnelse

INNLEDNING 6
1. MINI SUSHI I FORM AV PANTA 8
2. CHAMOY OPPSKRIFT: SUSHI FLAMING HOT 9
3. SUSHI BURGER 10
4. TUNFISK SUSHI MED KRYDRET MAYONE 12
5. SUSHIRULL FYLLT MED REKER MED MASAGO 13
6. FRUKTSUSHI OPPSKRIFT MED TAMARINDSAUS 15
7. SUSHI OPPSKRIFT PÅ VELSMAKENDE FRUKT 16
8. SUSHI AV ULIKE SMAKER 18
9. REKER SUSHI 20
10. SUSHI-TALLER 22
11. GRØNNSAKSSUSHIRULL MED OST 23
12. GREAST SUSHI MED Actinide 25
13. SUSHI BRUN RIS MED KATIGIDIO OST OG SPURITORIS 26
14. SUSHIKAKE MED SURIMI OG LILLEOST 27
15. MAKI - SUSHI FOR NYBEGYNNERE OG EKSPERTER 29
16. SUSHI VARIASJONEN 31
17. SUSHIRIS 34

18. CALIFORNIA RULL 36
19. SUSHI BALLER 38
20. SUSHI 40
21. FUTOMAKI, SUSHI MED RØKT LAKS OG KATIGIDIOOST 43
22. ONIGIRI MED LAKS OG KYLLING 45
23. JAPANSK TANGSALAT 46
24. LAKS - SUSHI 48
25. TAMAGOYAKI - JAPANSK OMELETT 49
26. LAVCARB SUSHI 51
27. TYKK SUSHI RULLER 53
28. CALIFORNIA RULLER INN - UT 55
29. SPINATSALAT MED SESAM 57
30. SUSHI - RICE 59
31. TEMAKI SUSHI 61
32. SUSHI SALAT 62
33. SUSHI 64
34. SUSHI BOWL ELA 66
35. RIS TIL SUSHI 68
36. SUSHIRIS 69
37. MINGER pickle (GARRY) 71
38. SUSHI ROLL TON 73
39. SUSHI DIP - SUSHI SAUS 76
40. SUSHI MED TOFU 77

41. INARI - SUSHI	79
42. LAVVANN SUSHI	80
43. SUSHI BALLER	82
44. SØT SUSHI	83
45. SUSHI MED EN FORSKJELL - SØT SOM DESSERT	86
46. SUSHI	88
47. NIGIRI - REKER SUSHI	91
48. GARY - VELG INGARA	93
49. NIGIRI SUSHI	95
50. RULLET SUSHI (MAKIZUSHI)	96
51. AGURK - SUSHI	99
52. OSHI --SUSHI	100
53. CALIFORNIA LAKSERULLE	102
54. SUSHI MED VAMOURA I KALVEKJØT	105
55. CRISPY STOR RULLE	106
56. SUSHI MED TOMATER OG MOZZARELLA	108
57. SUSHI MED GULEROT- OG AGURTFYLL	110
58. SUSHI - RIS GRUNNLEGGENDE OPPSKRIFT	112
59. TUNFISK SUSHI	113
60. DEILIG MAKI SUSHI MED SURIMI	114

61. NIGIRI - SUSHI MED RØKT LAKS 116
62. DRAGERULL 118
63. SIMON SOYADIPP 122
64. SUSHIKAKE 123
65. SUSHI SANDWICH 126
66. NORI MAKI SUSHI FYRSTE SOPP 128
67. SUSHI BURRITO MED KALKIABRYST, MANGO OG AVOKADO 129
68. SUSHI DOATS 130
69. VEGAN SUSHI DELUXE 132
70. TAMAGOYAKI SUSHIOMELET 133
71. SKRUTREKKER - SUSHI 135
72. SUSHI-SKÅL MED GENIUS asiatisk dressing 136
73. TOAST SUSHI 139
74. SHIITAKE-SOPP TIL SUSHI 140
75. SUSHI BOWL MED TAMAGOGYAKI 142
76. LAVCARB SUSHI 144
77. VEGAN SUSHI 146
78. FISH AND CHIPS SUSHI 148
79. SØT SUSHI MED FRUKT .... 150 ,-
80. SUSHI - RIS 152
81. SUSHI TERIYAKI-SAUS 153
82. SUSHI SALAT 154
83. SPREEWALD SUSHI 157

84. KOKK SUSHIRI I MIKROBØLGEOVNEN 159
85. OYSTER SHROOM SUSHI KING (lavkarbo) 160
86. "KAPPA MAKI" SUSHI 161
87. NIGIRI SUSHI SYMFONI 162
88. VEGAN KIMCHI SUSHI 165
89. ST. PAULI - SUSHI MED BALSAMISK REDUKSJON 167
90. SUSHI MOUNTAIN STIL 169
91. SUSHIRIS, JAPAN 171
92. SUSHIRIS 173
93. PERFEKT SUSHIRIS 174
94. SUSHI PAN 175
95. JAPANSK RIS UTEN RISHÅND 177
96. HOSO - MAKI MED GRØNNSAKER 179
97. TERIYAKI-SAUS 180
98. ONIGIRI KYLLING TERIYAKI 181
99. TUNFISKTERTER MED KORIANDERPESTO 183
100. STEKT EGG JAPANSK STIL 184
KONKLUSJON 187

INTRODUKSJON

Sushi er en veldig kjent rett som kommer fra tradisjonell japansk mat. Denne retten spises ofte som mellommåltid. Det finnes ulike typer sushiretter tilberedt av ulike profesjonelle sushikokker. Sushi er faktisk en rett med hvit ris tilberedt i riseddik og servert sammen med forskjellige typer pålegg. Det er varianter av pålegg som brukes som rå eller kokt fisk eller annen sjømat og forskjellige grønnsaker også. Dette er den tradisjonelle japanske retten og tilberedes på forskjellige måter, men i hver type brukes kun kortkornet hvit ris.

Etter at risen er kokt, gis en blanding av sukker, salt og eddik, og noen ganger tilsettes sake for å gi den en annen smak. Krydderet gjøres så i romtemperatur for å gi mer smak. Det finnes ulike typer sushi i restauranter som serveres med en rekke pålegg og fyll. Spesielt dyphavsfisk som tunfisk og laks foretrekkes av de fleste profesjonelle sushi-kokker som pålegg. Noen av de andre fisketypene som makrell, snapper og yellowtail brukes også til å lage en perfekt sushirett.

Sushiruller er også veldig kjente og krever at noritang pakkes inn og kan også brukes som snacks. Disse snacksene er smaksatt i teriyaki, som serveres med en pepperrotpasta kalt wasabipasta, havsalt og noen ristede sesamfrø også kjent som gomashio, soyasaus og syltet ingefær. Det er noen tradisjonelle sushibarer som serverer grønn te til sushimåltidet, og det er noen som serverer sakevin. Sake er en veldig populær vin laget med ris og servert varm om vinteren.

1. MINI PANDA FORM SUSHI

KOMPONENTER

- 4 kopper japansk ris
- 3 ark algenori

fredag

1. Vi vasker de ris og bløtlegge i vann i 10 minutter __ tappe i 5 minutter og de vi baker i kjele hastighet i 15 minutter og ta ut fra de brann .
2. Skjær nori-tangen i strimler og form kuler med risen.
3. Vi holder oss dem skiver heller ikke jeg på baller av ris og vi danner de burgere .

2. CHAMOY OPPSKRIFT: SUSHI FLAMMENDE VARMT

KOMPONENTER

- 4 agurker
- 4 pakker tamarindgodteri ☐ ½ kopp gems
- 1 pose flammende potetblanding
- 3 sitroner
- 4 ss av salsa

fredag

1. Mos potetene, bland med sitronsaften, sausen og halvparten av samosaen. Mos agurkene med en lang skje og fyll med forrige blanding.
2. Skjær i skiver og fyll med søtsaker og samui.

3. SUSHI BURGERE

KOMPONENTER

- 12 innebygde mellomstore reker
- 500 g kokt og krydret sushiris
- ½ agurk skåret i skiver
- 1 revet gulrot
- ½ avokado
- 1 ss sorte sesamfrø ▯ ½ kopp soyasaus
- 3 sitroner (juice)

fredag

1. Legg rekene på en bakeplate og stek i 10 minutter eller til de er gyldenbrune og skorpen er veldig sprø. Reservasjon.
2. Ved hjelp av de våte hendene tar du risen og formes til en slags hamburgerbolle. Du kan hjelpe deg selv med en forhåndsvåt form som har denne formen. Form 4 lokk og 4 bunner,

pass på at «bollene» ikke overtrykkes slik at risen får en god konsistens.
3. Sett sammen "sushiburgerne" ved å smøre litt Tampico-saus på bunnen, legg så agurkskivene, gulroten, rekene og til slutt avokadoen. Lukk og pynt med svart sesam. Topp med soyasausen blandet med sitronsaften.

4. TUNFISK SUSHI MED KRYDRET MAYONE

Komponenter

- 2 kopper tilberedt sushiris
- 100 g fersk tunfisk i tynne strimler
- 1/2 agurk i tynne strimler
- 2 Cambray løk, hakket
- 1/2 kopp majones
- 1 serrano pepper, hakket
- 4 sushi tang
- 6 ss soyasaus
- 1 ts mirin
- 1 spiseskje sitronsaft
- Klare det

fredag

1. Bland soyasausen med mirin og sitronsaft. Reservasjon.
2. Dekk makisuen med plast. Fukt hendene og legg en risseng 3/4 av tangen (i midten) så tynt som mulig. Legg den i makisu.
3. Anrett tunfisk- og agurkskivene på langs. Fukt fingeren med litt vann og kjør den gjennom tangen uten ris. Rull med makisu, trykk godt og lukk rullen. Skjær den med en våt kniv.
4. Kombiner chilien med majones og løk. Fordel blandingen på hvert stykke.
5. Ved servering toppes med soyablandingen.

5. SUSHIRULL FYLT MED REKER MED MASSASJE

KOMPONENTER

- 2 kopper tilberedt sushiris
- 8 reker kokt og renset
- 1 avokado, i tynne skiver
- 1/2 agurk i tynne strimler
- 1/2 kopp masago
- 4 sushi tang
- 6 ss soya
- 1 ss mirin
- 1 spiseskje sitronsaft

fredag

1. Bland soyaen med mirin og sitronsaft. Reservasjon.
2. Dekk en makisu med plast. Fukt hendene og legg en risseng på 3/4 av tangen (i midten) så tynn som mulig, legg den i makisuen.

3. Tilsett reker, agurk og avokado langs tangen. Fukt fingeren med litt vann og kjør den gjennom tangen uten ris. Rull med makisu, trykk godt til rullen er lukket.
4. Fordel litt muscovado på rullen med hånden og trykk på den igjen. Skjær den med en våt kniv og tilsett soyaen.

6. OPPSKRIFT PÅ FRUDO SUSHI MED TAMARINDSAUS

KOMPONENTER

- 3 kopper tilberedt sushiris
- 2 ark algenori
- 2 små pakker med kremost kuttet i strimler
- 1 mango Manila , skrelt og skjære i strimler
- 1/2 kopp hakket ananas
- 2 kiwi, renset og kuttet i strimler
- 1/2 kopp kommersielt tamarindkonsentrat (for å lage vann, ufortynnet)
- 1/4 kopp soyasaus
- 2 marinerte chipotle chili
- 1 spiseskje sitronsaft

fredag

1. På toppen av bambusduken legger du 1 ark nori-tang med ugjennomsiktig side opp.
2. Fordel 1/2 kopp ris på toppen (la en margin på 1 cm rundt kanten), ordne en rad med mango, en ananas, en kiwi og en annen ost.
3. Rull stramt i fast ris. Fjern kluten forsiktig for ikke å knekke sushirullen.
4. Skjær 1 cm tykke skiver og legg dem på en tallerken. Gjenta trinnene til du går tom for ingrediensene.
5. For å lage sausen: bland tamarindmasse, chipotles, soyasaus og sitron. Hell i en beholder for hver middag du serverer.

7. VEKKELIGE FRUKT SUSHI OPPSKRIFTER

KOMPONENTER

- 2 ss riseddik
- 1/2 ts salt
- 1 spiseskje sukker
- 1 kopp sushi ris
- 1 dl vann
- 1 appelsin i høyeste grad
- 1 kiwi, i tynne skiver
- 1/2 kopp blåbær

fredag

1. Bland eddik med salt og sukker.
2. Vask risen til vannet ikke lenger er uklart. Tøm den og legg den i en gryte med vann. Dekk til og kok over høy varme. Når det begynner å

koke, senk varmen og stek i 13 minutter. Avkjøl og tilsett eddikblandingen.
3. Fordel på en bakeplate, flat litt til to centimeters tykkelse når den er avkjølt. Skjær i terninger og pynt med frukten. Serverer.

8. SUSHI AV ULIKE SMAKER

KOMPONENTER

- 1 stor kopp sushi ris
- 1 kopp vann
- 75 ml riseddik
- 3 ss sukker
- Salt
- 2 ark tørket nori-tang
- 2 agurker
- 1 avokado i skiver
- 150 g laks, tidligere tint
- 150 g kremost
- 1 mango
- 3 ss syltet ingefær
- 1/2 ts wasabi

fredag

1. Skyll risen med kaldt vann og hell av. Gi det et oppkok i en kjele med lokk og når det koker, senk varmen til minimum i 10 minutter. La den hvile i ytterligere fem minutter.
2. Varm eddiken i 20 sekunder i mikrobølgeovnen og løs opp sukkeret og saltet. Tilsett den til risen, bland og dekk til med en fuktig klut for å forhindre at den tørker ut.
3. Rens agurken og skjær veldig tynne skiver med den ene skrelleren og den andre i strimler. Fjern frøene. Skjær avokadoen i strimler.
4. Legg et ark med tang med den grove siden opp. Legg litt ris på toppen med våte hender og fordel langs bladet med tangen for å dekke det helt og til slutt sesam. Ta den ene enden for å snu bambusmatten dekket med plastfolie. Arrangere
Ingrediensene på langs i midten og rull forsiktig med fingertrykk til en sylinder, pakk

godt med hendene for å stramme og del i ca åtte biter.

5. Hvis du skal lage rundstykker dekket med mango, agurk eller avokado, gjenta samme prosess og når du ruller tangen dekket med ris, legg agurk, mango eller avokado på overflaten først og dekk med plastfolien først og på deretter matten å trykke fra hver side, noe som gir en firkantet form.
6. Løft matten og skjær, trykk den med plastfolien for å forhindre at lokket løsner.

9. REKESUSHI

KOMPONENTER

- 2 kopper kokt og krydret sushiris
- 12 billige reker
- 1 liten avokado i terninger
- 1/2 bar kremost brutt i små terninger
- 1 agurk i terninger
- Ristede sesamfrø
- 1/2 kopp soyasaus
- 2 sitroner (juice)
- 1 form for å lage iskrem

fredag

1. Mal hullene i isbitbrettet med vegetabilsk olje og litt vann. Bruk de våte hendene, ta en liten porsjon ris og kle hullene i formen slik at det blir et hull i midten for å fylle sushien.
2. Fyll med reker, avokado i terninger, ost og agurk. Pynt med sesamfrø. Form sushien til terninger og server kald. Topp med soyasaus blandet med sitronsaft.

10. SUSHI TALLER

KOMPONENTER

- 2 kopper japansk ris
- 2 kopper vann
- 3 ts riseddik
- 1/2 kg sukker
- 1 teskje salt
- 300 g fersk tunfisk skåret i skiver
- 300 g fersk laks i skiver
- 1 tynne skiver agurk
- 1 avokado, i skiver
- 1 tynne skiver mango
- 1/2 kopp masago (flygende rogn)

- 2 reddiker, i tynne skiver
- 2 ark nori tang
- 2 ss wasabi
- 4 ss syltet ingefær

fredag

1. Skyll risen til den ikke lenger er uklar, renn av og legg i en gryte med vann. Dekk til og kok over høy varme til det koker, reduser deretter varmen og stek uten lokk i 13 minutter.
2. Bland eddik med salt og sukker, hell over risen og bland godt. Dekk til med en fuktig klut og la avkjøles i romtemperatur.
3. Forbered et sushibrett: bruk en del av fisken som sashimi, lag noen stykker eller nigiri ved å lage en risrakett og legge en fiskeskive på den, og også maki (eller rundstykker). For å tilberede en rull, dekk en nori-tang med et tynt lag ris, snu og fyll med agurk, avokado eller fisk. Rull sammen og skjær i mellomstore biter.

11. SUSHI RULLE GRØNNSAKER MED OST

KOMPONENTER

- 4 ark nori tang
- 2 kopper dampet sushi ris
- 1 julienhåret gulrot
- 1/2 julienert agurk
- 1/2 avokado kuttet i tynne strimler
- 1/2 bar kremost kuttet i tynne strimler
- 4 hakkede surimi barer
- 1 ts hakket chambrayløk
- Lett soyarom med lite natrium til følge
- Sesamfrø til pynt
- 1/2 gulrot hakket
- 2 ss majones

fredag

1. Legg nori-tangen på en sushimatte. Tilsett deretter en porsjon ris og fordel den med de våte hendene langs tangen, og prøv å la det være et mellomrom uten ris for å forsegle sushien.
2. Legg noen ost-, gulrot-, agurk- og avokadopinner til slutt der rissengen begynner. Bruk matten, snu og rull fyllet og prøver å stramme det nok til å gjøre det kompakt. Snu den helt og forsegl rullen med en børste fuktet med vann. Reservasjon.
3. Gjenta operasjonen til du er ferdig med ingrediensene.
4. Bruk en våt, skarp kniv og skjær hver av rullene i 8 skiver.
5. Til de saus Tampico , rør om alle de materialer før til integrere fullt ut .
6. Tjene de ruller med saus Tampico , saus soya og sesamfrø til dekorasjon .

12. GREAST SUSHI MED ANCILLIUM

KOMPONENTER

- 3 kiwi, renset og skåret i skiver
- 190 g kremost, myknet
- 1 spiseskje sukker
- 1 kopp dampet hvit ris

fredag

1. Pisk osten med sukkeret og legg den på et stykke selvklebende plast i et 10 x 15 cm rektangel og 1/2 cm tykt.
2. Fordel risen og legg kiwiskiver på toppen. Pakk inn osten med plasten (trykk for å komprimere). La stå i kjøleskapet til servering.

3. Ta ut rullen, fjern forsiktig plasten og skjær den i skiver.

13. SUSHI BRUNRIS MED OST OG SPIRITRIS

KOMPONENTER

- 4 sushi tang
- 1 ss kokt brun ris
- 1 ss riseddik
- 1 klype salt og sukker
- 8 blancherte asparges
- 1 stk smuldret geitost
- 3 ss soya
- 1 spiseskje sitronsaft

fredag

1. Bland eddik med salt og sukker. Tilsett risen.

2. Dekk den ene siden av tangen med et tynt lag ris, og legg deretter to asparges på toppen av risen og litt geitost.
3. Legg på en makisu (japansk trematte) og rull sammen. Trykk godt og skjær i individuelle biter med en våt kniv.
4. Server med soyasaus og sitron.

14. SUSHIKAKE MED SURIMI OG LITE OST

KOMPONENTER

- 2 kopper japansk ris
- 2 ts mirin
- 2 ss riseddik
- 4 barer finhakket surimi
- 1/2 pakke kremost
- 1 avokado, i tynne skiver
- 1 agurk, i tynne skiver
- 3 ss furikake (kinesisk krydder)
- Vann, det nødvendige

fredag

1. Vask risen til du merker at vannet er klart. Legg den i en gryte med 2 og 1/2 kopper vann.

2. Kok tildekket til det koker. Reduser varmen til lav og kok i 15 minutter. Fjern den, la den hvile i 5 minutter og tilsett mirin.
3. Vend inn surimi og ost.
4. Legg en risseng i en glassbolle. Spre surimin, legg til en annen seng med ris. Tilsett agurk- og avokadoskivene. Dekk med mer ris og avslutt med å smøre furrikake.
5. Vi kutter i individuell porsjoner til til tjene .

15. MAKI - SUSHI TIL Gamle OG DU VET

Ingredienser til 2 porsjoner

- 250 g ris (sushiris)
- 375 ml vann
- 1 ss riseddik
- ½ spiseskje Mirin
- ½ spiseskje sukker
- 1 teskje salt
- Nori ark 6 stk
- 250g laksestek, stekt i 8 minutter på begge sider og kuttet i strimler
- 1 ts Wasabi-pasta
- Agurk 6 cm, med skinn, kuttet i tynne strimler
- ½ rød paprika, kuttet i tynne strimler

fredag

1. Vask risen i et dørslag under rennende vann til det rennende vannet blir klart. Kok raskt opp risen og vannet i en kjele, reduser varmen til lav og kok risen i 10-12 minutter. I mellomtiden, visp sammen riseddik, mirin, sukker og salt i en liten bolle til det er helt oppløst. Legg risen i en grunn bolle (uten metall!) og la den avkjøles i 10 minutter. Tilsett riseddikløsningen og vend forsiktig sammen med en tresleiv. La avkjøle helt og del i 6 like deler.

2. Legg nå et ark med nori med den skinnende siden ned på en bambusmatte og fordel 1 porsjon ris tynt og jevnt over. La det være en kant på 1,5 cm i den ene enden. På den fremre tredjedelen bruker du et skjehåndtak til å lage en rille i rulleretningen og smør wasabipasta på den. Vær forsiktig, wasabi er ganske varm! Legg så de stekte laksestrimlene i rillen og legg agurkstrimler og/eller paprikastrimler etter dem etter ønske. Fukt den frie kanten av nori-arket med litt vann.

Løft nå bambusmatten litt foran og løft nori-arket rundt fyllet foran med lett trykk. Fortsett å løfte bambusmatten mens du ruller sushirullen til den er helt lukket. Du må øve på det noen ganger. For meg gikk det veldig bra første gang!

3. På slutten er det 6 vakre sushiruller foran deg som venter på den endelige maki-formen. Nå er det på tide å forberede verktøyet, dvs. lage en god kniv ekstremt skarp (!). Ellers er maki sushi mer som bildekk! Legg en sushirull på et trebrett og skjær kantene rett (resten er opp til kokken!). Bløtlegg alltid kniven i kaldt vann før du skjærer den igjen! Del sushirullen i to og skjær hver halvdel i 4 sushimaki av samme størrelse. Legg på et stort fat, med kuttesiden opp. Sett den ferdige sushien i kjøleskapet eller spis den med en gang.

4. Dekk bordet, tilbered sashimi sushisaus, wasabipasta og syltet ingefær og nyt bit for bit!

16. SUSHI-VARIASJONEN

Ingredienser til 4 porsjoner

450 g ris (sushiris) ukokt (kokt
Forberedelser i vår Grunnkunnskapsspesial)

- 1 avokado(er)
- 1 agurk
- 1 Majones
- 2 DEN Sesamfrø, ristet
- 150 g laks
- 1 stk. Surimi (imitasjon av krabbekjøtt)
- 6 reker (n)
- 150 gram tunfisk
- Wasabi-pasta (krydret japansk pepperrotpasta)

- Nori-ark (tangplater)
- Ingefær, syltet (Gari)
- Soyasaus
- Salatblader , s . _ _ x . Lollo Rosso

fredag

1. Du finner tilberedningen for sushi-ris "her!"
2. Før du starter, pakk sushimatten inn i plastfolie for å holde matten ren og for å unngå at risen fester seg i hullene mellom de tynne bambuspinnene.

Maki med laks

1. Ta et ark nori og del det i to med en kniv. Legg laken på bambusmatten med den grove siden opp så fester risen seg bedre. Fukt nå fingrene lett i en bolle med vann og fordel veldig kald ris på norilaken slik at tanglaken dekkes med ris, kun en fri kant skal stå i bunnen for å feste rullen senere. Skjær nå laksen i staver og legg på langs oppå risen. Pensle laksen med wasabi, men bare tynt, for wasabien er ganske varm. Fukt deretter den synlige kanten av nori-arket og start fra den andre siden, brett bambusmatten for å lage en rull. Trykker du på den rullede

bambusmatten fra toppen og sidene får du en firkantet form.

California Roll eller Inside-Out

2. Ta et halvt ark med tang, legg det på forsiden av matten og dekk den grove siden helt med ris, dryss sesamfrø på toppen av risen. Ta den frie siden av bambusmatten, dekk tangduken med risen, trykk den ned og snu den, så vi nå har den andre siden av tangduken foran oss, risen er nede. Fordel litt majones på langs av tangbladet, legg surimin langs majonesen, skjær agurk og avokado i staver og tilsett dem. Smør med litt wasabi og legg til slutt litt Lollo Rosso på toppen. Rull nå det hele sammen med bambusmatten.

Nigiris med tunfisk og reker

3. For å gjøre dette kutter du tunfisken i ganske tynne skiver og fjerner skallet fra rekene. Pensle begge med litt wasabi. Fukt hendene, ta litt ris og rull den til en oval form på baksiden av hånden, og trykk den deretter inn i en boksform. Legg fisken oppå risen.

4. Antall nigiris kontra maki er helt opp til dine preferanser, hvis du foretrekker maki, lag bare flere sushiruller. Her kan selvfølgelig en semla også være helt vegetarisk, for eksempel med kun avokado eller shiitakesopp eller for din egen smak også variert med grønnsaker og fisk. Selvfølgelig kan du bruke andre sjødyr til nigiri, som laks, blekksprut, makrell, kamskjell osv. Bare tenk nøye når du handler for å justere mengden marine ingredienser i henhold til dine behov. Og sørg for at du alltid kjøper fersk fisk, det beste du kan gjøre er å si at du vil lage sushi.

5. For å servere, kutt rullene i ca 6 til 8 stykker, bruk en skarp kniv og våt lett før hvert kutt, og du vil ha rene biter og ingen ris som fester seg noe sted på kantene av rullen. Anrett bitene med nigiris på en tallerken. Server syltet ingefær og soya i hver sin skål. Både nigiris og maki kan dyppes i soyasausen, noe som gir ekstra smak, mens wasabipastaen også kan serveres separat. Ingefær tjener til å nøytralisere smaken mellom to forskjellige stykker sushi, men noen spiser den bare sammen med dem.

6. Ha det gøy å "rulle" og nyt måltidet!

17. SUSHIRIS

Ingredienser til 4 porsjoner

- 450 g Rice, California kortkornet ris (Nishiki)
- 600 ml vann
- Også: (For Sushi-riskrydderblandingen)
- 100 ml Reise ☐ 2 THE Zucker
- 1 teskje salt
- 4 dråper soyasaus

fredag

1. Vask risen godt i et dørslag til vannet blir klart, og tøm deretter godt.

2. Ha risen i kjelen med angitt vannmengde og la den hvile i ca. 20 minutter.
3. Lukk deretter kjelen med tett lokk og varm sakte opp innholdet. Skru så varmen til høy og kok opp.
4. Skru den nå til laveste innstilling og la risen trekke i ca 10 minutter.
5. Ta kjelen av varmen, legg et brettet kjøkkenhåndkle under lokket og la risen heve i ytterligere 10 minutter.
6. Bland krydderingrediensene i en kjele og varm opp til sukker og salt er helt oppløst.
7. Hell så krydderblandingen over risen og bland. (Merk, nå er det også riseddik som allerede er smaksatt med salt og sukker, så er det bare å helle den "ferdige" eddiken med en klatt soyasaus over risen!)
8. La risen avkjøles godt. Risen kan deretter lages til sushi. Skal risen bearbeides senere, er det lurt å dekke den med en fuktig klut for å unngå at den tørker ut.

18. CALIFORNIA RULL

Ingredienser til 1 porsjon

- 500 gram ris, ferdig sushi
- 1 stk. Nori ark
- Majones
- 250 ml vann

For fyllet:

- 1 stk. Surimi
- 1 avokado(er), i tynne skiver
- 1 agurk(er), i tynne skiver
- 50 g fluerogn
- Sesamfrø, svart og hvitt
- Soyasaus

- Ingefær, sylteagurk

fredag

1. Bland riseddik og vann i en liten bolle.
2. Legg en bambusmatte på arbeidsflaten og pakk den inn i matfilm. Brett et nori-ark i to og riv det fra hverandre. Legg det halverte nori-arket på matten.
3. Dypp hendene i eddikvannet for å unngå at risen setter seg fast. Ta en håndfull ris og lag en lang, smal blokk.
4. Legg risen i midten av nori-platen og fordel den jevnt med fingrene. Ta opp det risdekkede nori-arket og snu det raskt.
5. Legg imitasjonskrabbe- og agurkstrimlene midt på nori-arket, fordel en tynn stripe majones, krydret med wasabi, og legg avokadostrimlene oppå.
6. Løft bambusmatten og behold fyllet om nødvendig. Begynn å spinne. Trykk forsiktig på rullen og gi den en rektangulær form med forsiktig trykk.
7. Åpne matten igjen. Fordel rognen på sushirullen og trykk lett med baksiden av en skje. Snu rullen slik at også undersiden dekkes med rogn.

8. Dypp et kjøkkenhåndkle i eddikvannet og tørk av en skarp kniv med en fuktig klut. Skjær rullene i to med en kniv.
9. Fukt bladet på nytt med kluten etter hvert kutt. Legg begge rullhalvdelene rygg mot rygg og kutt to ganger for å lage 6 like stykker. Legg på tallerken og server med soya og syltet ingefær.

19. BOUL SUSHI

Komponenter

- 80 gram fullkornet kortkornet ris
- 1/2 agurk
- 2 gulrøtter (små)
- 1 ark nori (tang)
- 200 g edamame-belger
- salt-
- 150 gram laks (sushi kvalitet, alternativt surimi)
- 1 avokado
- 1 fedd hvitløk
- 1-2 ss Gari (syltet ingefær)

- 3 ss soyasaus
- 1 klype wasabi pulver (valgfritt)
- 2 ss sesamfrø (lyse og mørke) forberedelse

1. For sushibollen, kok først risen i en panne med 160 ml vann og dekk til på lav varme i ca 35 minutter. Dekk så til og la den heve på komfyren i 5-10 minutter.
2. Vi rydder og vi vasker de agurk og de vi kutter i strimler størrelse bite . Vi rydder , vi rydder og vi kutter de gulrøtter i biter . Vi kutter de Tang i minutter strimler , ca de en tredje fra det er alt i små stykker .
3. Skyll av de edamame med kald vann , kok i kokt saltet vann til ca 5 minutter , løft de med en puncher skje , la være de til bli kald til en liten bit og Mos deres frø fra deres lober . Legg frøene til side på en tallerken.
4. Skjær laksen i passe store skiver med en skarp kniv. Skjær avokadoen i to og fjern gropen. Skjær fruktkjøttet inn i skinnet og fjern det fra skinnet med en spiseskje. Skrell hvitløken, hakk den og puré den med gari,

soyasaus og eventuelt wasabi i en blender eller stavmikser.
5. Til til server , rør de Stykker av alger med de ris og de du bryter opp i to bolle . Installere fra ovenfor de agurk , den gulrøtter , den edamame , den laks og de avokado , pynt med strimler alger og sesamfrø og tjene umiddelbart med de saus gjennomsyret i bolle av sushi .

20. SUSHI

Ingredienser til 6 porsjoner

- 1 kg sushi ris
- 10 Nori-ark
- 200 g laks, fersk
- 100 g reker
- ½ agurk (a), omtrent like lang som nori-arkene
- ½ avokado(er)
- 2 gulrøtter, omtrent like lange som noriplatene
- sesamfrø
- Overalt

- Soyasaus
- Wasabi pulver
- Syltet ingefær
- sukker

Også: (for den japanske omeletten)

- 1 skje soyasaus
- 2 ss over det hele
- litt sukker

fredag

1. Kok først sushirisen i henhold til pakkens anvisninger.
2. Varm i mellomtiden 12 ss Mirin med sukkeret i en kjele til sukkeret er oppløst. Legg deretter mirinbroen til den tilberedte sushirisen og rør. La risen avkjøles.
3. Skjær agurk, gulrøtter og avokado i tynne strimler, og juster lengden på nori-platene. Gjør det samme med litt av laksen, skjær den andre halvparten i bredere, korte men tynne biter, disse legges til nigirien senere. Enten skjær rekene på langs for å spre dem over nigiriene eller la dem være ukuttet.
4. Pakk bambusmatten med matfilm for å unngå at risen setter seg fast og legg et noriark på toppen. Jeg kutter en tredjedel av hvert

noriark og bruker den mindre delen til rundstykkene fra innsiden og ut slik at

fin størrelse. Når risen er avkjølt, fordel et lag med ris på et av nori-arkene, og pass på at laget ikke er for tykt. Legg nå ditt valg av fisk, agurk, gulrot eller avokadostrimler i begynnelsen av rullen og rull rullen med lett trykk ved hjelp av sushimatten.

5. Legg sesamfrøene på en stor tallerken. Ta rullene inn og ut, legg risen direkte på den foliekledde matten. Legg den mindre delen av norbi-platen på toppen og fyll den igjen med strimler av grønnsaker eller fisk. Pakk nå inn med matten og rull den ferdige rullen i sesamfrø.

6. For nigiri, form små mengder ris og topp med laksen og rekene. Du kan også toppe den med eggerøre. Til den japanske omeletten pisket jeg 2 egg, 1 ts soyasaus og 2 ts mirin med litt sukker og lar det tykne i pannen på svak varme. Skjær så i tynne brede skiver som du så kan legge på toppen av nigirien. Her klipper jeg tynne strimler fra et ark med nori, surrer

rundt midten av nigirien og fukter dem litt med en blanding av vann og mirin.

7. Skjær sushirullene i passe store biter og legg på nigiri-serveringsfat. Bland wasabipulver med vann eller bruk ferdig pasta. Legg soyabønnene i grunne boller og server med syltet ingefær.

21. FUTOMAKI, SUSHI MED RØKT LAKS OG KATIGIDIOOST

Tid 60 minutter.

Ingredienser til 2 porsjoner

- 2 kopper / n ris , (sushi ris)
- 3 kopper/n vann
- 3 riseddiken, (sushieddik)

- 2 Nori-ark
- 200 g røkelaks
- ½ avokado(er)
- 6 surimipinner
- 1 stk. cottage cheese
- litt wasabipasta

fredag

1. Bruk alltid ekte sushi-ris (korte, grove korn, som rispudding) fra den asiatiske butikken.
2. For 2 rundstykker, kok opp 2 kopper ris med 3 kopper vann, kok deretter i 5 minutter på middels varme og 10 minutter på lav varme. Slå så av komfyren og la risen heve i ytterligere 20 minutter med lokket lukket.
3. Legg risen i en bolle, tilsett 3-5 ss sushieddik (riseddik blandet med sukker) og bland forsiktig med en tresleiv eller slikkepott. La det avkjøles, løsne det nå og da.
4. Legg et lag med kokt sushiris (ca. 0,5 cm) på et ark med nori (grillet tang).
5. Legg et lag med kommersielt tilgjengelig røkelaks oppå risen, ikke dekk risen helt (200 gram røkelaks er nok til 2 "tykke"

rundstykker). Smør wasabi på den eksponerte risen.

6. Legg 2 strimler surimi oppå laksen (kutt på langs på forhånd), fyll plassen (ca. 1 cm) med kremost.

7. Legg avokadostrimlene på ostekremen og dekk med et andre, mindre lag med røkelaks.

8. Rull med bambusmatten under nori-laken. For å lukke, hold rullen med den ene hånden, våt den andre hånden og fukt sømmen på nori-arket med våte fingertupper, rull den deretter opp og trykk sømmen ned på benken i ca. 10 sekunder med lett trykk, slik at de to av dem møtes.Koble sammen kantene på nori-arket slik at rullen ikke deler seg når du kutter den.

9. Gjør det samme med det andre nori-arket og resten av ingrediensene. Skjær rullene i 5-6 biter hver.

22. ONIGIRI MED LAKS OG KYLLING

Ingredienser til 2 porsjoner

- 2 kopper/n ris (kortkornet ris)
- 100 g røkt eller veldig fersk laks
- 100 g kyllingbrystfilet(er).
- 2 Nori-ark
- 3 EDIKEN (sushi-zu), ferdig sushieddik for å gi risen smak
- Wasabi-pasta
- Soyasaus, til dipping
- Majones
- Krydderblanding (furikake)

fredag

1. Skyll den kortkornede risen grundig i et dørslag til vannet blir klart. Ha i en gryte med 4 kopper vann. Kok risen på høy varme. Når skummet i kjelen truer med å boble, skru av varmen og la risen hvile på den varme komfyren i 15 minutter. Veldig viktig: Ta aldri av lokket mens risen koker og deretter hviler. Den beste måten å si når risen er kokt er å bruke en gryte med glasslokk.
2. Krydre den varme sushirisen med salt og pepper og la den avkjøles.
3. Skjær imens kyllingbrystfileten, krydre med salt og pepper og stek til den er ferdig. Kutt laksen. Skjær hvert noriark i 5 strimler av samme størrelse.
4. Form nå risen til kuler. Den enkleste måten å gjøre dette på er med en onigiri-form, som kommer i en rekke former og størrelser. Fyll midten av risbollene med laks eller kylling. Hvis du vil, tilsett en skje majones i fyllet.
5. Smør litt wasabipasta på den tilberedte onigirien og pakk en strimmel nori rundt hver.

23. JAPANSK TANGSALAT

Ingredienser til 4 porsjoner

- 1 pose/n Wakame, tørket tang (56 gram per pose)
- 3 ss eddik (sushi, ris)
- 3 ss sesamolje ⬜ 1 ss limejuice
- 1 ss ingefær, nyrevet
- 1 spiseskje sukker
- 1 tå / n Hvitløk, presset
- 2 ss koriander, hakket
- ½ ss chilipulver
- 1 ss sesamfrø

fredag

1. Hell varmt vann over tangen og la den trekke i 10 minutter.

Tilbered sausen:

2. bland alle ingrediensene (unntatt tang og sesam) i en liten bolle til en jevn masse. Smak til med chilipulver, avhengig av krydret. 3. Ha i tangen og klem den litt. Nå er det bare å brette den drenerte tangen inn i sausen og dryss på sesamfrø etter ønske. La den heve i ca 1 time, gjerne i kjøleskap.
4. Wakame-salat er også lett å fryse ned i partier.
5. De vi spiser alltid med sushi (eller nå ganske enkelt fordi vi er avhengige i dette).

24. LAKS - SUSHI

Ingredienser til 1 porsjon

- 1 kopp ris (sushiris)
- 200 g laks i skiver (villaks, røkt)
- 200 g kremost, med urter
- 1 haug reddiker
- 1 ss soyasaus (lett)
- 1 spiseskje sukker
- ½ ts salt ☐ Til settet:
- Dill - fanebærer
- Gressløk - stilker

fredag

1. Ingrediensene rekker til 12 lakseruller.
2. Kok risen i henhold til anvisningen på pakken, tilsett salt, sukker og soya, og sett til side.
3. Rengjør , vask og hugge de reddiker .
4. Spre ut dem skiver laks , litt overlappende , i en flate arbeid lagt frem med aluminiumsfolie så for at en lukket parallellogram ca. _ Den er laget 30 x 22 cm . På Kontinuitet vi sprer fra ovenfor de ris og post de ost krem . Vi drysser ovenfor fra de reddiker og pakke opp tett de laks med de aluminiumsfolie og de vi putter i fryser til ca 30 minutter .
5. På Kontinuitet fjerne , kutte i ca. _ Installere skiver bredde 2 cm . i en tallerken / tallerken og garnityr med flagg dill og gressløk .

25. TAMAGOYAKI - JAPANSK OMELETT

Ingredienser til 2 porsjoner

- 4. egg
- litt Dashi-pulver, oppløst i 1 ss vann
- 2 ts soyasaus
- 1 klype salt
- litt sukker
- 1 ts Mirin
- olje

fredag

1. Bland eggene med dashi, soyasaus, salt, sukker og mirin (hvis det ikke er mirin, bruk mer sukker). Egget skal ikke skumme.
2. Gni inn en stekepanne, gjerne rektangulær, med olje og varm opp. Tilsett ca 1/3 av eggedosisen i pannen. Når egget har stivnet, rull det forsiktig fra den ene siden til midten. Pensle den synlige siden av pannen med olje igjen og tilsett litt av eggedosisen. Når det nye laget med egg har stivnet, rull det igjen, denne gangen fra den andre siden av pannen til midten. Gjenta trinnene til eggedosisen er ferdig.
3. Når omeletten er klar tar du den ut av pannen og lar den avkjøles.
4. Skjær i strimler fra den smale siden og z. Bruk den til nigiri sushi, for eksempel.

26. LAVCARB SUSHI

Ingredienser til 2 porsjoner

- 200 g fetaost
- 350 g kremost, tykkere
- ½ agurk (substantiv)
- 150 g røkelaks
- 5 Nori-ark
- Soyasaus, etter smak

fredag

1. Smuldre fetaosten og bland forsiktig med den granulerte kremosten. Skjær røkelaksen i strimler. Skrell agurken, skrap ut innsiden med en skje og skjær kjøttet i lange strimler.

2. Legg nori-arket på matten og fordel 2/3 av ostemassen (ikke for tykt), legg
en stripe røkelaks og agurk og rull det sammen som vanlig sushi. La den hvile en stund for å fukte noribladene og skjær deretter i 3-4 cm lange rundstykker Server med soyasaus.

27. TYKK SUSHIRULL

Ingredienser til 1 porsjon

- 500 g ris, ferdig sushi
- 1 stk. Nori ark
- Wasabi-pasta
- For fyllet:
- 2 gulrøtter, kuttet i tynne strimler
- 1 agurk(er), i tynne skiver
- 200 g Skjære ham laks de ham tone i pinner størrelse pinne
- 1 reddik (a), japansk, syltet
- 1 stk. Bønner, grønne, hakkede og dampede

- 1 avokado(er), i tynne skiver
- 1 pose tofu skåret i 1 cm tykke strimler
- 2 ss riseddik
- 250 ml vann
- Soyasaus
- Ingefær, sylteagurk

fredag

1. Avhengig av smak, velg fyll og skjær grønnsakene i 1 cm tykke staver og fisken i biter så tykke som en blyant.
2. Bland riseddik og vann i en liten bolle.
3. Legg en bambusmatte på arbeidsflaten. Legg et nori-ark på bambusmatten med den blanke, glatte siden ned.
4. Dypp hendene i eddikvannet for å unngå at risen setter seg fast. Ta en håndfull ris og lag en lang, smal blokk.
5. Legg 2 risbiter i midten av nori-platen og fordel jevnt på toppen med fingrene. La en 4 cm bred stripe stå øverst.
6. Pensle midten av risen med litt wasabipasta, ikke overdriv, wasabi-smaken skal ikke skjule den

    Komponenter.
7. Legg en stripe fisk på den wasabibelagte risen. Kle begge sider med grønnsaksstrimler.

8. Løft forsiden av bambusmatten og begynn sakte å rulle den. Hold fyllet på plass med midt-, ring- og lillefingrene.
9. Rull sammen slik at kanten på nori-platen møter kanten på risen. Bruk lett trykk for å danne rullen.
10. Nå er synlig bare de gratis stripe Nori . Vi skaper skånsomt de rull og med de to hender . Vi går i kant de rull sushi og vi danner de hvile ruller .
11. Dykk inn en håndkle kjøkken i eddik vann og tørk av en skarp kniv med en væske klut . Skjær rullene i to med en kniv.
12. Fukt bladet på nytt med kluten etter hvert kutt. Legg begge halvdelene av rullen etter hverandre og skjær to ganger for å få 6 like biter. Legg på tallerken og server med soya og syltet ingefær.

28. CALIFORNIA RULLER INN - UT

Ingredienser til 12 porsjoner

- 250 g Ris, sushi ris, klar
- 2 Nori-ark
- 40 g Surimi
- Agurk(er), 2 strimler, kuttet på langs
- ½ avokado(er)
- 1 ts sitronsaft
- 4 ss sesamfrø
- 1 ss pepperrot (krem)

fredag

1. Vi skåler de sesamfrø i en panne før til brun, la være til bli kald i en flat tallerken. Tørke av de spisepinner surimi og skjære de på midje imot lengde. Vi vasker de agurk, den vi kutter på midje og fjerne deres frø med en

skje , kutt i 2 baner ca. _ bredde 0,5 cm .
Skrell avokadoen,
skjær på langs i strimler og drypp umiddelbart med sitronsaft.
2. Pakk sushimatten helt inn i plastfolie. Legg et noriark på den med den glatte siden ned og dekk den helt med halvparten av risen. Trykk lett på risen og snu deretter nori-arket slik at risen ligger oppå filmen.
3. Fordel halvparten av pepperroten på nederste tredjedel av nori-arket, fordel halvparten av surimistinnene, agurkstengene og avokadoen på toppen, rull alt sammen.
4. Vi skaper de hvile materialer i for det andre rulle . Vi kutter de ruller i 6 stykker de hver og en og pakke opp Hver stykke i ristet sesam .

29. SPINATSALAT MED SESAM-dressing

Ingredienser til 2 porsjoner

- 250 g fersk spinat
- 1 ss sesamfrø, ristet
- 1 ss sesampasta (tahini)
- 2 ss soyasaus, japansk
- 2 ts sukker
- 1 ts eddik (f.eks. gammel mester), eller bedre mirin
- Vann (saltvann)

fredag

1. Blancher spinaten i saltet vann og skyll i kaldt vann, legg den i et dørslag og renn av, klem ut mesteparten av væsken. Blanding
alle de hvile materialer i en bolle . Bland spinaten med dressingen.

2. Server som sushi-tilbehør i små boller og strø over litt ekstra sesamfrø. Høydepunktet er definitivt tahini, og det kan ikke erstattes!

30. SUSHI - RIS

Ingredienser til 4 porsjoner

- 250 g ris (sushi - ris)
- 2 Eddik (riseddik)
- 1 ss glatt sukker
- 1 teskje salt

fredag

1. Skyll sushirisen i et dørslag under kaldt rennende vann til vannet blir klart og tøm kornene godt.
2. Kok risen med 300 ml vann, kok i 2 minutter, senk varmen og dekk risen med lav varme i 10 minutter.

3. Ta av lokket, legg 2 lag med tørkepapir mellom gryten og lokket, og la risen avkjøles i ytterligere 10 til 15 minutter.
4. I mellomtiden koker du opp riseddik, salt og sukker og lar det avkjøles igjen.
5. Ha risen i en bolle, hell den krydrede eddiken over og arbeid den med en trespatel, men ikke bland den.
6. Dekk risen med en fuktig klut til du er klar til å bruke den igjen.

31. TEMAKI SUSHI

Ingredienser til 1 porsjon

- 1 Port. Ris, ferdig sushi
- Nori ark
- Wasabi pasta ⏺ 2 THE Travel
- 250 ml vann

For fyllet:

- 2 gulrøtter, kuttet i tynne strimler
- 1 agurk(er), i tynne skiver
- 200 g laks, kuttet i tynne strimler
- 200 g tunfisk, kuttet i tynne strimler
- 1 stk . Surimi , i skiver i Lukk spisepinner
- Kardemomme
- Soyasaus
- Syltet ingefær

fredag

1. Bland eddik og vann i en liten bolle.
2. Skjær et noriark i to.
3. Dykk inn de hender din i eddikvann til til ikke sette seg fast de ris.
4. Legg en haug med spiseskje sushiris på venstre halvdel av tangplaten. Fordel risen og fordel litt wasabipasta på toppen.
5. Legg forskjellige fyllinger diagonalt oppå risen. De skal se øverst til venstre på nori-arket.
6. Brett det nederste venstre hjørnet til det øverste høyre hjørnet av nori-arket. Fortsett å pakke inn bladet i en pose. Lim et riskorn i nedre høyre hjørne og fest hjørnet til posen.
7. Legg flere sushiposer i et glass eller bolle og server med soyasaus og syltet ingefær.

32. SUSHI SALAT

Ingredienser til 2 porsjoner

- 100 g sushi ris, tre
- 150 ml vann
- Reise 25 ml
- 1 sukker
- salt-
- 120 g reker, ferdigkokte
- 100g laks, rå, fersk eller frossen
- 1 agurk (substantiv)
- 3 ark nori (grillet tang)
- 1 ingefær, syltet, drenert
- 2 lime (substantiv)
- ½ ts wasabipasta
- 1 soyasaus
- 1 søt chilisaus

fredag

1. Vask risen og la det småkoke i en panne dekket med vann i 15 minutter (tilsett vann om nødvendig), ta av varmen og la det koke i ytterligere 30 minutter.
2. Bland riseddik, 1 ts sukker og 1/4 ts salt og rør inn i risen.
3. Rens og skrell agurken og skjær den i små terninger. Skjær nori-arkene i små biter (best med kjøkkensaks). Skjær også laksen i små biter. Bland deretter forsiktig alt - inkludert rekene og ingefæren - med den kalde risen.
4. Press limefruktene. Bland wasabi, limejuice, soya og sweet chilisaus og det resterende sukkeret og vend denne dressingen sammen med salaten. Avkjøl igjen og la det trekke.
5. Ikke oppbevar salaten over lengre tid da rå laks er inkludert.

33. SUSHI

Ingredienser til 5 porsjoner

- 250 g ris (klebrig ris, sushi ris)
- 4 ark nori
- 1 gulrot (a), hakket i minutter strimler
- 1 avokado(er), i tynne skiver
- 1 poeng surimi
- Fersk fisk (f.eks. tunfisk, laks)
- Wasabi-pasta
- Ingefær, sylteagurk
- ½ teskje sukker
- 2 eddik (riseddik)
- Soyasaus

fredag

1. Vask den klebrige risen (sushirisen) grundig til vannet blir klart. Kok deretter som vanlig (Forberedelse i pakke). Hell omtrent en halv teskje sukker i to spiseskjeer eddik og varm opp. Røre sent de varm eddik i fortsatt varm men fullt kokt ris . Jo raskere risen avkjøles etterpå, jo bedre fester den seg senere.
2. For Makisushi, legg et ark med nori på en bambusmatte og fordel den klebrige risen tynt på den, og dekk omtrent 3/4 av arket med ris. Legg en tynn stripe med gulrot og avokado i midten. Tilsett deretter surimi eller fisk etter eget valg. Rull alt sammen og skjær på tvers noen ganger.
3. For nigirisushien, lag små hauger av risen og legg fisken på toppen som en liten filet. Hvis du vil kan du også binde den med tynne strimler av nori.
4. Avkjøl til den skal serveres. Server med soyasaus, syltet ingefær og wasabipasta (pass på, wasabien er veldig varm – ta litt!).

5. Jasminte og rekekjeks er avgjørende for en virkelig asiatisk kveld.

34. SUSHI BOWL ELA

Ingredienser til 4 porsjoner

- 500 g sushi ris
- 50 ml risvin
- 4. avokado(er)
- 1 agurk
- 1 krukke syltet ingefær, ca 100 g
- 250 g laks, røkt eller kokt
- 150 g kokte reker
- 4. Nori-ark
- En håndfull sesamfrø
- majones
- Sriracha saus

fredag

1. Kok sushiris i henhold til anvisningen på pakken med vann og risvin, og la den avkjøles og avkjøles.
2. Skjær avokado, agurk, laks, reker, ingefær og noriblader i små biter.
3. For å servere, hell soyasausen over risen og pynt med de tilberedte ingrediensene.
4. Bland en ny saus fra majonesen og srirachasausen og dryss den over alle ingrediensene. Dryss over sesamfrø.

35. RIS TIL SUSHI

Ingredienser til 1 porsjon

- 350 g ris, (asiatisk klebrig ris til sushi)
- 675 ml vann
- 100 ml eddik, (mild riseddik)
- 1 spiseskje sukker
- 1 teskje salt

fredag

1. Vask risen i et dørslag til det rennende vannet er klart, renn deretter godt av og hell vannet i en veldig stor kjele. Dekk til og la det koke i en halv time uten å tilsette varme.
2. Kok opp risen og vannet over høy varme, når vannet koker, snu og la risen fortsette å heve

på laveste innstilling i 15-20 minutter. Ta så kjelen av varmen, legg flere ark med tørkepapir mellom kjelen og lokket, og la det koke i ytterligere 10 minutter.

3. Varm eddik, salt og sukker sammen i en kjele til alt er oppløst.
4. Ha risen i en stor bolle og hell eddikblandingen over den, rør i en hakkebevegelse (gjerne med en tresleiv) til all eddikblandingen er innlemmet og risen er litt avkjølt (normal omrøring vil for tidlig feste seg til risen - så ikke kna!!!).
5. Risen er nå klar for videre bearbeiding.

36. SUSHIRIS

Ingredienser til 1 porsjon

- 250 g ris (sushiris)
- 375 ml vann
- 3 ss riseddik
- 1 ss Mirin
- 1 teskje salt
- 2 ts rørsukker

fredag

1. Vask risen til avløpet er klart. Kok risen med 375 ml vann og dekk til og la den koke i 15 minutter på laveste temperatur. Vi trekker oss fra de Brann og vi går til Kok opp til ytterligere 15 minutter .

2. Røre de eddik av ris , den mirin , den salt og de sukker fra sukkerrør i en gryte i moderat Brann før til løse opp alle de materialer og post permisjon de til bli kald .
3. Fordel væsken over risen, dekk til med en fuktig klut og avkjøl. Når risen er avkjølt kan den videreforedles til sushi.

37. Syltet INGERIA (Hvitløk)

Ingredienser til 1 porsjon

- 1 klype salt
- 100 g ingefær, ferskere
- 75 ml riseddik
- 10 g sukker eller etter behov
- Vann, kokt

fredag

1. Vi rydder de ingefær , den vi kutter i minutter strimler og de vi skålder til ca. _ 2 minutter i kokt vann . Jo lenger ingefæren stekes, jo mer mister den varmen.
2. Bland sukker, riseddik og salt i en bolle til sukker og salt er oppløst. Fyll ingefæren med

væsken i en beholder, lukk den godt og la den stå i kjøleskapet i 1 uke.
3. Ingefær er klar til å spises når den blir lakserosa. Ingefær er varm og ikke søt, men kan justeres etter egen smak ved å tilsette sukker og/eller koketid.

38. TUNFISK SUSHI RULLE

Ingredienser til 1 porsjon

- 500 g ris, ferdig sushi
- 1 krukke Wasabi-pasta
- Grad 1 Nori-ark

For fyllet:

- 1 agurk
- 2 gulrøtter
- 200 gram laksefilet(er), flådd
- 200 g fiskefilet(er), (tunfiskfilet)
- 1 reddik (a), japansk, syltet
- 1 avokado(er)
- 2 ss riseddik
- 250 ml vann
- Soyasaus

- Ingefær, sylteagurk

fredag

1. Avhengig av smak, velg fyll og skjær grønnsakene i 1 cm tykke staver og fisken i biter så tykke som en blyant.
2. Bland riseddik og vann i en liten bolle.
3. Legg en bambusmatte på arbeidsflaten. Brett et nori-ark i to og riv det fra hverandre. Spre den blanke, glatte siden av nori-arket halvveis nedover bambusmatten.
4. Dypp hendene i eddikvannet for å unngå at risen setter seg fast. Ta en håndfull ris og lag en lang, smal blokk.
5. Legg risen i midten av nori-platen og fordel den jevnt med fingrene. La en remse 1 cm bred på toppen.
6. Smør midten av risen med litt wasabipasta, ikke overdriv, wasabi-smaken skal ikke overdøve ingrediensene.
7. Legg en stripe med fisk eller grønnsaker på toppen av den wasabibelagte risen. Løft forsiden av bambusmatten og begynn sakte å rulle den.

8. Rull sammen slik at kanten på nori-platen møter kanten på risen. Bruk lett trykk for å danne rullen.
9. Nå titter bare den gratis nori-stripen igjennom. Vi skaper skånsomt de rull og med de to hender. Legg sushirullen til side og form resten av rundstykkene.
10. Dypp et papirhåndkle i eddikvannet og tørk av en skarp kniv med en fuktig klut. Skjær rullene i to med en kniv.
11. Fukt bladet på nytt med kluten etter hvert kutt. Legg begge halvdelene av rullen bak hverandre og skjær to ganger slik at du får 6 like biter. Legg på tallerken og server med soya og syltet ingefær.

39. SUSHI DIP - SUSHI SAUS

Ingredienser til 1 porsjon

- 3 ss soyasaus, mørk
- 3 ss eddik (sushieddik)
- 4 ss vann
- 1 spiseskje sukker
- 1 klype salt
- 5 dråper olje (sesamolje)
- Rød pepper)

fredag

1. Meg unntak henne tilsett paprika _ alle de hvile materialer i en høy container og du banker på Vi rydder henne pepper , kuttet i veldig de små kuber og legger vi til . Vi blander en gang til og vi går til Kok opp til Noen timer før til bli konsumert .

40. SUSHI MED TOFU

Ingredienser til 50 porsjoner

- 300 gram tofu
- 200 gram tofu, krydret
- 200 g ris (arborio)
- 100 g bambusskudd, syltet
- 400 ml vann
- 200 ml riseddik
- Nori ark 10 stk

- 4 ss soyasaus
- 4 ss solsikkeolje

fredag

1. Skjær tofuen i lange skiver og stek i en panne med olje og soyasaus. La avkjøles. Varm deretter opp den krydrede tofuen kort i samme panne.
2. La risen småkoke med vannet til vannet er absorbert (ca. 15 minutter).
3. Fordel ris over tangen slik at ca 3/4 av laken dekkes. Legge til tofu og skyter bambus. Pakk laken med tangen med en matte eller kjøkkenhåndkle. Pensle det siste kvarteret med riseddik og bruk det til å feste rullen skikkelig.
4. Vi kutter Hver rull i 5 stykker.

41. INARI - SUSHI

Ingredienser til 4 porsjoner

- 220 g ris, sushi
- 500 ml vann
- 2 ss sesamfrø, japanske, hvite
- 2 ss riseddik
- 1 spiseskje sukker
- 1 ss Mirin
- 1 teskje salt
- 12. Tofu-poser (Inari-poser) *

fredag

1. Vi vasker de ris i dørslag under fra nåværende vann , den tappe vel _ Kok opp vann og ris. Senk varmen og la det småkoke uten lokk i 4-5 minutter til vannet er absorbert.

Sett på lokket og la stå i ytterligere 4-5 minutter på svak varme, senk så komfyren og la den lukkede gryten heve i 10 minutter.
2. Rist sesamfrøene i en tørr panne i 3-4 minutter til de er gyldne og vend dem forsiktig i mellom. så ta den ut umiddelbart.
3. Bland eddik, sukker, mirin og salt og tilsett risen. Rør med en tresleiv til risen avkjøles.
4. Fjerne forsiktig dem lommer Inari de en fra henne en annen og åpne opp . _ Fyll hver med 1 ss ris. Dryss de ristede sesamfrøene over risen, og trykk deretter posen sammen. Legg på tallerken og server.

42. LAVVANN SUSHI

Ingredienser til 3 porsjoner

- 700 g blomkål,
- 150 ml vann, kaldt
- 1 gram guargummi
- 2 ss riseddik
- Valgfritt søtningsmiddel (f.eks. 1 ss Sukrin)
- salt-
- 5 ark nori

For fyllet:

- Reker og/eller avokado, laks, agurk
- Wasabi-pasta

fredag

1. Vask blomkålen og kutt den i biter, kvern den i multikutteren og kok den med ca $\frac{1}{4}$ liter vann i 5-10 minutter. Tøm av med et rent kjøkkenhåndkle og klem. Bland 1 g guargummi med 150 ml kaldt vann. Ha blomkålen tilbake i kjelen eller bollen og bland godt med Sukrin, riseddik, salt og guarvann til en tykk pasta.
2. Legg nori-arkene på sushimatten, fordel blomkålmosen ca $\frac{1}{2}$ cm tykk, og tilsett z. B. Reker, avokado, laks og agurk, pensle med litt wasabipasta og rull så sammen, trykk godt, la stå en stund og skjær så i biter med en våt skarp kniv.
3. Server med soyasaus og wasabipasta.

43. SUSHI BALLER

Ingredienser til 1 porsjon

- 1 Port. Ris, ferdig sushi
- Wasabi-pasta
- 200 g røkt laks, kuttet i frimerkestore biter
- 50 g fluerogn
- 1 syltet agurk, i tynne skiver
- 100 g roastbiff, kuttet i tynne frimerkestore skiver
- 100 gram sinnet skjære i Stykker størrelse post
- 1 reddik(er), japansk, syltet, kuttet i portostore biter

fredag

1. Halvere mengden ris. Fordel et stykke matfilm ca 10x10cm på arbeidsflaten og legg et stykke røkelaks i midten. Smør litt wasabi

på laksen. Form 1 ss sushiris til en løs ball og legg på toppen.
2. Løft og vri alle 4 hjørnene av plastfolien for å presse fisken og risen til en tett ball. Gjør det samme med agurkskivene.
3. Til rekekulene legger du en reke i midten av plastfolien og legger litt fiskerogn i vrien. Form en annen spiseskje ris til en løs ball, tilsett rekene og form til en tett ball med folien.
4. De ferdige kulene kan oppbevares i matfilm til rett før servering.
5. Legg på tallerken og server med soya og syltet ingefær.

44. SØT SUSHI

Ingredienser til 2 porsjoner

- 1 gulrot(er)
- 2 epler
- 250 g jordbær
- 100 g pistasjnøtter, finhakket
- 1 mango(er)
- 1 Bar/n Lauch
- 250 gram sushi ris
- 1 liter melk
- 100 g sukker
- 1 vaniljestang
- 1 appelsin (a), revet skall
- 1 sitron, revet skall
- 4 Nori-ark
- 250 ml lønnesirup

- 20 g fersk fløte
- 40 g sukker
- Ingefær, kandisert, til pynt

fredag

1. Kok først risen med melk, vanilje, sukker, appelsinskall og sitronskall. Dekk til og la den stå på kanten av komfyren i ca ½ time. Fordel på et stort brett til avkjøling og sett det i kjøleskapet.
2. Forbered nå forskjellige rundstykker som følger:
3. Maki med gulrot og eple (2 rundstykker)
4. Skrell gulroten, hakk den, tilsett litt sukker og strø over litt sitronsaft. Skrell eplene, skjær dem i rektangulære staver av samme størrelse og surr dem lett med sitronsaft. Dekk en bambusmatte med risen, legg et noriark på toppen og trykk litt ned.
5. Fordel risen på laken med tangen og legg eplestengene 2 cm fra underkanten, parallelt med kanten. Rull sammen sushirullen stramt og slipp risen fra matten. Rull så de revne gulrøttene.

6. Maki med jordbær og peanøtter (2 rundstykker)
7. Som beskrevet ovenfor, bruk bare jordbær i stedet for epler og 100 gram pistasjnøtter i stedet for gulrøtter.

8. Nigiri med mango og søt purre (8 stk)
9. Kutt 8 kammer ris og form for hånd. Vi rydder de mango og vi kutter så mye som de mulig større stykker . Skjær 8 skiver på størrelse med riskamrene og legg dem i riskamrene. Vask 2 store purreblader, blancher dem en stund i veldig søtt kokende vann og skyll dem med isvann. Skjær tynne grønne strimler og bytt sushi med dem.

Peanøttkrem:

1. Mos de peanøtter Egina , den krem fersk og de sukker i blender .
2. Legg sushirullene på tallerkener og pynt med den kandiserte ingefæren. Server med lønnesirup og pistasjkrem.

45. SUSHI MED EN FORSKJELL - SØT SOM DESSERT

Ingredienser til 6 porsjoner

- 200 g risgrøt
- 1 liter melk
- 1 utløpssalt
- SUKKER
- 1 vaniljestang
- 100 g tørket kokosnøtt
- 1 mango(er), moden
- 200 g jordbær
- 8 kiwi
- Frukt til pynt

fredag

1. Tilbered først rismelken i henhold til fredag i pakken med sukker, salt, melk og vaniljepastaskrap. den skal være klissete og ikke for stram. Mens rispuddingen koker, rister du den tørkede kokosnøtten i en panne på middels varme uten fett til den dufter og er gyllen.
2. Vask deretter og kutt frukten. De jordbær er kuttet i minutter skiver . 6 kiwi og de tre kvartaler av mango er også skjære i minutter skiver . Risgrøtkammene skal senere toppes med denne frukten.
3. Den resterende mangoen og den resterende kiwien kuttes på langs for å lage tykke strimler så lange som mulig. Disse brukes senere til å fylle sushirullene.
4. Risgrøten blir best når den fortsatt er varm, så la den avkjøles en stund til den er lett å håndtere De ristede kokosflakene blir til en rektangelform. Bredde ca 10 cm, lengde etter ønske og lengde på sushimatten. Fordel rismelken forsiktig med en kniv. Kiwi- og mangostrimlene legges nå i midten av rispuddingen og rullen pakkes deretter

forsiktig inn med matten og matfilmen. Du bør trykke alt godt. Lag 2 rundstykker på denne måten. La nå rundstykkene hvile i kjøleskapet og la dem stivne.
5. Form den resterende rispuddingen til en pasta med to spiseskjeer og legg den på en tallerken. Dekk kammene med jordbær-, kiwi- og mangoskivene.
6. Ta sushirullene ut av kjøleskapet og skjær dem forsiktig i skiver med en skarp kniv og legg dem på tallerken 7. Nå kan du pynte med mer frukt.

Physalis, persimmon eller ananas er ideelle.
8. Jeg serverer en hjemmelaget sjokoladesirup til den søte sushien, den smaker veldig godt og minner om soyasaus.
9. Dette de dessert er egentlig imponerende og han har veldig flink smak . Rullen er litt vanskelig i starten, det krever litt tålmodighet, men resultatet er verdt det.

46. SUSHI

Ingredienser til 2 porsjoner

- 1 kopp ris (sushiris)
- pepperrot (wasabi)
- Nori ark
- 2 gulrøtter
- 100 g krepsekjøtt
- 100 g reker
- Laks, syltet
- Soyasaus
- Ingefær, sylteagurk
- 2 vårløk

fredag

1. Før jeg lagde sushi for første gang, trodde jeg det ville være ekstremt vanskelig. Men det er det ikke. Så tør det.

2. Alle de materialer er tilgjengelig i asiatisk butikk og de koster ca 15 euro . Men ingrediensene rekker til flere sushi-kvelder.
3. Tilberedning: Ha sushirisen i vannet i ca 15 minutter og la den så koke. En kopp ris trenger omtrent 1,5 kopper vann. Nøyaktige forberedelser finner du også i rispakken.
4. Rekene kan nå tilberedes ved damping og en kort blanchering. Vi rydder de gulrøtter og de vi kutter i minutter strimler . Likeså grønn løk.
5. Legg nå et av nori-arkene på et kjøkkenhåndkle og fordel risen, som er avkjølt i mellomtiden, 1 cm fra kanten. Ikke for tykk, men dekk arket jevnt. Fordel nå litt wasabi på toppen. Advarsel! Disse tingene er krydret. Deretter deler du rekene omtrent i to og parallelt med den nedre kanten av nori-arket. Legg eventuelt også løkløk og gulrotstrimler i midten.
6. Fukt den åpne enden og pakk en rull med et kjøkkenhåndkle. Trykk hardt ... Ferdig! .... Sett rullen i kjøleskapet og skjær den i skiver rett før servering.

7. Serveres med en bolle soyasaus og syltet ingefær.
8. Gjør det samme for krabben og laksen.
9. Jeg ønsker deg stor glede ved tilberedningen og enda mer glede og nytelse ved forbruket.

47. NIGIRI - REKER SUSHI

Ingredienser til 4 porsjoner

- Ris (sushi ris), oppskrift i profilen min, halvparten
- 8 reker (r) - haler, rå, uskrellet
- 2 ss pepperrot (wasabipulver) og 4 ss vann
- 2 Eddik (riseddik)
- 2 ts risvin (Mirin)
- salt-
- Soyasaus
- Syltet ingefær

fredag

1. Vi vasker dem haler av reke og dem vi lager mat i kokt saltet vann i lav Brann i 4 til 5 minutter . Fjern og avkjøl i isvann.
2. Bland wasabipulveret med 2-4 ss vann og la det boble. Fjern rekene fra skjellene, bortsett fra haledelen. Fjern den svarte tarmen fra baksiden. Revet på siden av magen, men ikke hele veien. De skal være forbundet med ca. 1 cm på begge sider.
3. Bland riseddik og risvin i en dyp tallerken, snu rekene og la stå i 2 minutter. Løft, dupp lett og bøy de to halvdelene til en ring. Dekk innsiden med et tynt lag wasabipasta.
4. Med våte hender form 1 ss sushiris til en lang, smal nudel og flat toppen litt. Legg rekene oppå risen og trykk forsiktig ned. Press sushien med rekene.
5. Server med soyasaus, resterende wasabipasta til dipping og syltet ingefær.

48. GARY - GJEDD INGARA

Ingredienser til 10 porsjoner

- 250 g ingefær, fersk
- salt-
- 100 ml riseddik, (alternativt plommeeddik)
- 5 teskjeer sukker, (10 til 30 g)
- 2 ss Mirin (søt risvin), valgfritt
- 2 ss Sake (risvin), valgfritt, erstatning: tørr sherry

fredag

1. Vask ingefærrøttene og gni forsiktig av huden med en klut. Gni kan også fint gjøres med en teskje. Trim eller skjær røttene så tynne som mulig over kornet. Salt skivene og la stå i omtrent en time (til og med en dag eller mer), og tørk deretter. Vi varmer opp dem skiver i vann (1-3 minutter), fjern en liten bit fra de brann .
2. La så skivene renne av seg og legg dem løst i rene glass med skruetopp. Kok riseddiken med sukkeret i den fortsatt varme kjelen, løs opp sukkeret. Hell så ingefærskivene med den varme marinaden, lukk glassene og snu dem opp ned til avkjøling.
3. La det vare minst over natten, sannsynligvis lenger.
4. Innsiden i en uke , den ingefær Jeg vil ferdig litt rosa . Dette er bevis til henne kvalitet av Hallo av eddik av ris . DE friskhet av ingefær han har også positivt effekt i endring farge . De rosa farge det er gjort mer intens som modnes . De E 124 (pigment av mat rød cochin A) eller De juice rødbeter er lagt til ofte industrielle . Deretter de rosa det er gjort

mer intens fra at med ham uavhengig misfarging , som min som mer .
5. Gari bør spises mellom de forskjellige sushitypene for å nøytralisere smaken.
6. Som du kan se, er det et stort antall karrioppskrifter. Fremfor alt kan mengden sukker og salt variere etter personlig smak. Og mirin og sake er på ingen måte obligatoriske.

49. NIGIRI SUSHI

Ingredienser til 1 porsjon

- 1 port. Ris, ferdig sushi

- Wasabi-pasta
- 200 g laks, kuttet i tynne strimler
- 200 g tunfisk, kuttet i tynne strimler
- 1 makrell(er), kuttet i tynne strimler
- 1 reddik (a), japansk, syltet
- Riseddik
- vann
- Soyasaus
- Ingefær, sylteagurk

fredag

1. Bland eddik og vann i en liten bolle og dypp hendene i den for å unngå at risen setter seg fast.
2. Rull en mengde ris på størrelse med egg mellom håndflatene for å danne en oval. Legg på arbeidsflaten og lag flere slike risboller. Legg toppingene foran risbollene og fordel litt wasabipasta på hver risball.
3. Legg toppingen på risovalene og trykk forsiktig ned.
4. Legg på tallerken og server med soya og syltet ingefær.

50. RULLET SUSHI (MAKIZUSHI)

Ingredienser til 4 porsjoner

- 3 kopper kortkornet ris
- 0,33 kopp/n riseddik
- 3 ss sukker
- 1 ts salt, malt
- 8 shiitake-sopp, tørket, til fyllet ▯ 0,33 kopper/n vann (vått shiitake-vann)
- 0,67 dl/n Dashi (1 klype rask fiskekraft oppløst i 0,66 dl vann)
- 1 ½ ss sukker
- ½ ss Sake (japansk risvin) eller hvitvin
- 1 ss soyasaus

- 3 egg)
- 1 teskje sukker
- 1 ss Sake (japansk risvin) eller hvitvin
- 1 klype salt
- Olje, til steking
- 100 g spinatblader
- 4. ark Nori (tangblad)
- Soyasaus til dipping

fredag

1. Kok risen og legg den i en bolle (gjerne en grov trebolle som kan absorbere overflødig vann).
2. Mens risen koker blander du vinaigretten (eddik, sukker, salt) til sukkeret er oppløst. Det er bedre å varme den opp en stund.
3. Hell eddikdressingen over risen og bland godt med en tresleiv. La det så avkjøles.
4. Bløtlegg shiitakesoppen i en bolle med varmt vann i ca 20 minutter. Tøm bløtleggingsvannet og behold det. Skjær soppen i 7-8 mm brede strimler.
5. Kok opp soppen sammen med ingrediensene vann og soya i en liten kjele og kok på svak varme til overflødig væske fordamper.
6. Slå meg pisk de 3 eggene _ sammen med de materialer fra de sukker før de salt og de press med en sil . Vi varmer opp en liten bit

olje i en panne og vi baker en tykk pannekake fra hele (!) røren . La avkjøle og skjær i strimler på ca 1 cm.
7. Kok spinatbladene, skyll dem med kaldt vann og klem dem godt (!).
8. Legg nori med glatt side ned på en bambusmatte. Fordel omtrent en fjerdedel av sushirisen jevnt utover med våte hender. La ca. 1 cm fra nori-arket fritt foran.
9. Fordel en fjerdedel av spinat, isstrimler og sopp i midten av nori-laken.
10. Bruk bambusmatten til å lage en solid rull. Trykk deretter på den med fingrene og form den.
11. Gjør det samme med resten av ingrediensene. Skjære Hver en fra de 4 rullene sushi i ca 8 skiver .
12. Dykk inn i soya før henne forbruk .

51. AGURK - SUSHI

Ingredienser til 2 porsjoner

- 1 agurk (en så flat som mulig)
- 75 g ris (sushi eller rispudding)
- 2 Eddik (riseddik)
- ½ teskje salt
- n. B. Wasabi eller pepperrotpasta
- 100 g røkelaks
- 15 gram kaviar
- Kardemomme
- Zucker
- 200 ml vann, saltet

fredag

1. Vask risen i kaldt vann igjen og igjen til vannet forblir stort sett klart. Kok så inn 150 ml -

200 ml saltet vann og kok deretter på svak varme med lokket lukket i ca 10-15 minutter.
2. Krydre den varme risen med riseddik, salt og sukker og la den avkjøles. For varm sushi, bruk risen umiddelbart uten å la den avkjøles.
3. Vask og skrell agurken. Skjær i to på langs og skrap ut kjernen med en teskje. Smøre de interiør av agurk med lim inn wasabi de pepperrot og post legge til de ris på halv av agurk . Skjære de alltid i diamanter ca 2-3 cm i størrelse . Sette en liten bit røkt laks de en klype kaviar i Hver del og tjene garnering med kardemomme .
4. Gjør deg klar saus soya og I tillegg lim inn wasabi de pepperrot til dykke .
5. Flott som lett lunsj, forrett eller festmåltid.

52. OSHI -- SUSHI

ingredienser til 8 porsjoner

- 400 g ris (sushiris), klar (se grunnoppskrift)
- ¼ Agurk(er), kuttet på langs
- 8 hodeløse kongereker i skall
- 4 FORSIKTIG
- 1 ts wasabipasta
- salt-

fredag

1. Kle et stekebrett med matfilm.
2. Vask og tørk rekene, fiks på langs med en kjevle. Kok opp litt saltet vann med sake i en kjele. Lukk komfyren og la rekene trekke i buljongen til de blir rosa. Rens og del rekene i to og fjern innmaten.

3. Vask agurken og del den i to på langs. Fjern frøene og tørk agurkhalvdelene. Klipp 5 strimler ca 0,5 cm brede som er like lange som formen. Dryss litt havsalt på agurken, la den trekke i ca 30 minutter og tørk igjen.
4. Smør litt wasabipasta på den hvite innsiden av rekene og legg dem side ved side på bunnen av tallerkenen slik at den røde yttermantelen hviler på plastfolien, dekk med halvparten av sushirisen. Legg agurkstrimlene på risen, trykk lett og dekk med resten av risen. Pakk plastfolien over risen for å dekke alt. Dekk til med en ny form, lokk eller lignende, trykk forsiktig og trykk jevnt ned med en vekt slik at Oshi-sushien presses jevnt ned.
5. Etter 30-40 minutter vender du Oshi-sushien ut av formen på et brett. Fjern forsiktig plastfolien og skjær Oshi-sushien i 8 stykker med en skarp kniv.
6. Oppskriften er spesielt egnet for sushielskere som ikke stoler på de manuelle ferdighetene til den "tradisjonelle" tilberedningsmetoden.

53. CALIFORNIA LAKSERULLE

ingredienser til 4 porsjoner

- 300 g ris, (sushi ris)
- Reise 60 ml
- 2 sukkerarter
- 1 teskje salt
- 4 Plommevin
- 2 nori-plater ☐ ½ agurk
- ½ avokado(er)
- 8 deler surimi
- 300 g røkt eller veldig fersk laks Norsk laks
- 4 kaviarer, (ørretkaviar)
- 4 majones (gjerne hjemmelaget)

- 2 stk soyasaus
- 4 persille, hakket
- kajennepepper
- Wasabi-pasta

fredag

1. Skyll sushirisen godt med kaldt vann i et dørslag og la den renne av seg i ca 30 minutter. Kok risen i en panne med 450 ml kaldt vann og salt over middels varme, kok uten lokk i ca 1 minutt og la heve over svak varme i ca 15 minutter.
2. Bland riseddik med sukker, salt og plommevin og rør inn i den varme risen med en slikkepott. Kjør så spatelen vekselvis på tvers av og på tvers av risen slik at risen kuttes i stedet for å røres (dette holder den kornete). La risen avkjøles.
3. Skjær noriplatene i to på langs, del risen i fire ark og pensle lett med wasabi. Skjær agurk og avokado i strimler og legg på toppen, legg krabbe
på toppen og pakk bladene med en bambusmatte.

4. Skjær laksen i fine tynne skiver og dekk med denne rullen, form med sushimatten. Krydre laksen med salt og pepper og kajennepepper. Pakk rullene inn i matfilm og sett dem i kjøleskapet i ca 1 time.
5. Skjær så i biter med en skarp kniv, som du fortsetter å dyppe i kaldt vann.
6. Bland majones med soya, persille og kaviar og server som dip.

54. SUSHI MED TØRKET BAMURA

ingredienser til 1 porsjon

- 250 g ris (Sushire-is)
- 100 ml melk
- 250 ml vann
- 4 ts honning
- 100 g peanøtter, usaltet, hakket
- 100 g bringebær
- Melis til å strø på
- Valgfri kompott

fredag

1. Vask risen med kaldt vann. Ha så i en kjele med melk og vann i ca 20 minutter og permisjon de til koke opp. På Kontinuitet vi dekker og vi går til ca 15 minutter.
2. Søt risen med honning og del den i 2 porsjoner. Dekk en sushimatte med matfilm. Dryss omtrent to tredjedeler av overflaten med halvparten av de hakkede peanøttene. Fordel en fingertykk porsjon ris på toppen, trykk godt til og lag en brønn i midten av lengden. Ha halvparten av bringebærene i den. Bruk matten til å rulle risen til en stram rull.
3. Vi forbereder oss en for det andre rull fra de Resten av ris , den peanøtter og de bringebær . Avkjøl rullene pakket inn i matfilm i ca. 2 timer.
4. Kutt hver rull i 6 biter (bedre å la risen ligge i plastfolien, ellers faller den lett fra hverandre – fjern plastfolien etterpå).
5. Dryss over melis og server med kompott.

55. CRØSE STORE RULLER

ingredienser til 2 porsjoner

- 1 laks, rå
- 2 gulrøtter
- 1 agurk
- 1 avokado(er)
- litt Philadelphia
- 4 Nori-ark
- Ris (sushi ris)
- 1 protein
- litt Basketmehl
- Smør pannen

fredag

1. Kok sushirisen som vanlig (hent eventuelt oppskriften fra databasen). Rens gulrøttene og skjær dem i fire på langs. Skjær agurken i 1 - 1 1/2 cm brede strimler. Stek strimlene av gulrot og agurk en stund i pannen med litt vann, sukker og salt, og la deretter avkjøles. Skjær laksen på langs i strimler som avokadoen.
2. Dekk nå nori-arket med sushi-ris. Ha ingrediensene til fyllet i den første tredjedelen og fordel litt av ostekremen på langs (gjerne på langs av laksen). Pensle nå den ukuttede sushirullen med litt pisket eggehvite og rull gjennom brødsmulene. Stek umiddelbart i varm panne med litt (!) fett (ikke for mye slik at fisken ikke koker, det går veldig fort)
3. Legg på absorberende papir og skjær i skiver. Det smaker veldig godt med soyasaus, syltet ingefær og thai chilisaus! Oppskriften kan også suppleres med surimi og syltet sennepssaus.

56. SUSHI MED TOMATER OG MOZZARELLA

ingredienser til 1 porsjon

- 1 Nori-ark
- 1 Port.Ris (sushiris), klar, oppskrift i database
- 1 mozzarellakule
- 2 tomater (n)
- Kongelig

fredag

1. Skjær nori-platen i to på langs. Legg halvparten på bambusmatten og dekk med ris. Skjær mozzarellaen i små staver. Vask tomatene og skjær dem i staver, skjær dem først i skiver, skjær ut innsiden og lag

stengene av den solide enden av tomaten. Vask basilikumen. Fordel tomat- og mozzarellastengene på risen, samt basilikumbladene. Form alt til en rull.
2. Gjør det samme med den andre halvdelen av nori-arket.

57. SUSHI MED GULEROT- OG AGURTFYLL

ingredienser til 4 porsjoner

- 500 g risgrøt
- 5 ss riseddik eller konjakk
- 4 Gulrot
- 1 agurk (substantiv)
- 8 Nori-ark
- litt olivenolje

fredag

1. Vi tenkte på risgrøtvarianten fordi vi ikke kunne kjøpe sushiris en gang. Vi synes også det smaker godt!

2. Ha risen i riskokeren og skyll godt to ganger med lunkent vann. Hell av vannet og jevn risen litt. Fordel så 2-3 ss riseddik over risen. Hell det kokende vannet 2-3 fingre bredt over overflaten av risen og kok opp risen. Når riskokeren er slått av, dekk til og la sushirisen stå i ytterligere 10 minutter. Slå så av riskokeren helt og la risen avkjøles. Lokket kan også åpnes for dette formålet.
3. Risen kan også tilberedes kvelden før (hvis det blir sushi til lunsj). Men ikke åpne lokket over natten, bare skru av komfyren og la risen avkjøles, ellers tørker overflaten for mye og noe av risen blir faktisk ubrukelig.
4. For gulrotsushi, vask, skrell og kvart gulrøttene på langs. Stek i rikelig med olivenolje i varm panne i ca 5 minutter, ta ut og legg på en tallerken! Legg bambusmatten på en jevn overflate og legg et nori-ark oppå. Bruk deretter en slikkepott til å fordele ris ca 3-5 mm tykk over hele overflaten av arket. Legg nå 2-3 gulrotkiler 2 cm fra kanten og form en rull. Avhengig av hvor tykk du vil ha sushien senere, bør fyllet måles. Her kreves det litt fornuft! Skjær nå sushirullen i ca. Skiver 3 cm tykke og legg dem på en tallerken.

Det brukes 4 noriark til gulrotsushien, den andre halvparten til agurksushien.

5. Vask og skrell agurken (la det være igjen med skinn), kvart på langs og fjern frøene. Skjær deretter igjen langs nori-arket. Kok agurkskivene i en buljong med vann og 2 ss eddik i ca 5 minutter, fjern de også og legg dem på en tallerken. Fortsett som med gulrotsushien.

58. SUSHI - GRUNNLEGGENDE OPPSKRIFT RIS

ingredienser til 4 porsjoner

- 400 g ris (sushiris eller kortkornet ris)
- 1 teskje salt
- 500 ml vann
- 3 ss eddik (riseddik)
- 1 spiseskje sukker

fredag

1. Kok risen i saltet vann og la den trekke i 15 minutter. La det fordampe i ytterligere 15 minutter i åpen kjele . Hell i riseddik og sukker. La risen avkjøles helt til du skal bruke den.

59. TUN SUSHI

ingredienser til 1 porsjon

- 1 boks tunfisk, i vann
- 5 ss majones
- salt-
- pepper
- 3 Nori-ark
- 100 g ris (sushiris)
- sukker
- Ris-vin

fredag

1. Skyll sushirisen. Dette betyr å renne vann over det til bare klart vann kommer ut.
2. Kok deretter i henhold til anvisningen på pakken. Tilsett 1/2 ts sukker til 2 ss riseddik og varm opp.
   Røre sent de varm eddik i fortsatt varmt , fullt kokt ris .
3. Bland tunfisken med majones, salt og pepper og smak til.
4. For tunfisksushi legger du et ark med nori (med glatt side opp) på en bambusmatte og fordeler den klebrige risen tynt på den slik at ca 3/4 av laken er dekket med ris. En liten marg bør være igjen øverst og nederst. I midten ligger en tynn stripe ferdig tunfisk.
5. Pakk alt sammen og sett i kjøleskapet i noen minutter. Skjær så sushirullen og biter av sushi med en litt våt og skarp kniv.
6. Den kan serveres med ingefær, wasabi og teriyakisaus.

60. DEILIG MAKI SUSHI MED SURIMI

ingredienser til 2 porsjoner

- 1 port. Ris (sushi ris), kokt
- 1 stk. Surimi
- ½ avokado(er)
- 2 ss ost
- 2 Nori-ark

fredag

1. Skrell og kjerne kjernen av avokadoen, skjær deretter i lange tynne strimler på ca 5 x 5 mm. Skjær surimini i to eller i fire, avhengig av størrelsen.

2. Legg nori-arket på en bambusmatte slik at undersiden av nori-arket berører underkanten av matten. Fordel risen ca 7 millimeter tykk på 2/3 av nori-platen. Fordel nå ca 3 ss kremost
cm bred i midten av risen. Topp med avokado og surimi strimler, ca 3 til 4 strimler hver. Rull den deretter forsiktig med jevnt trykk. Makirullene blir ganske tykke. Pensle rullen med litt vann eller en riseddik/vannblanding (dette gjør den lettere å kutte). Skjær av kantene, skjær rullen i fine biter, minst 1,5 cm lange.

61. NIGIRI - SUSHI MED RØKT LAKS

Ingredienser til 4 porsjoner

- 420 g ris (sushiris)
- 300 g røkelaks
- Krydderpasta (wasabi)
- Soyasaus
- Ingefær, søtt og surt

fredag

1. Til hvem som helst ikke av som de rå fisk . Sushi-rispreparatet er i CK-databasen.

2. Skjær laksen i strimler 5 cm lange og 3 cm brede, våt hendene med vann og ta ca 2 ss sushiris og form en 5-6 cm lang rektangulær blokk med avrundede sider og hjørner. Så dekker vi risen med laksestrimlene og omformer alt slik at det blir deilig.
3. Bland soyasausen med wasabipasta (forsiktig, krydret) etter smak, server med ingefæren.

62. DRAGERULLE

Ingredienser til 4 porsjoner

- 250 g ris (sushiris)
- 50 ml eddik, lettere japansk
- 3 ss sukker
- 1 teskje salt
- 1 ts dashi-pulver (valgfritt)
- 2 Nori-ark
- 2 kongereker, avskallet
- mel
- 1 egg
- Panko eller brødsmuler

- Olje, til steking
- 1 gulrot
- 1 vårløk)
- 1 agurk
- 2 avokado(er), (moden, men ikke for myk)
- 3 ss sitronsaft
- 1 skje henne suppe sesam , (svart og hvit korn)
- 3 ss majones
- 1 shot chilisaus, krydret (f.eks. Sriracha)
- 1 shot sesamolje
- 1 shot chiliolje
- 2 ts kaviar

fredag

1. Denne oppskriften er for to rundstykker. Det er alt er kuttet i åtte Stykker de hver enkelt . Med annen sushi er dette nok til 4 porsjoner.
2. Risen vaskes til vannet blir klart. Så legger du den i en sil og lar den renne godt av i minst en time. Nå legger vi risen med 375 ml vann i en kjele og tilsetter om vi vil dashi-pulveret ("pulversuppe" basert på fisk og tang), som øker smaken på sushien enormt. I Japan liker man å legge et stykke kombu (en type tang) på toppen av risen mens den koker. Risen tilberedes deretter uten lokk og dekkes i

femten minutter på laveste innstilling. Post permisjon de til fordampe til men ti minutter avdekket.

3. I mellomtiden lager du sushi-su ved å varme opp sukkeret og salte litt med eddik til alt løser seg godt opp (ikke koke).
4. Når risen er klar legges den tradisjonelt i en grunn sedertre og jobbes med en kam og vifte til den avkjøles og slapper av. Det er blitt sagt om og om igjen at hvis du ikke har et trekar, ikke bruk et metallkar. Jeg la fortsatt risen min i en dyp panne for å avkjøle og slappe av, men før jeg dekket den med bakepapir. Så pløyer jeg risen med en trespatel og heller i så mye sushi-shou at risen har en saltsyrlig, litt søt komponent.
5. Rekene skrelles, med to av dem står halefinnen igjen. Den skal se i begge ender og støtte dragens utseende. Nå kuttes rekene lett på baksiden og eventuelle svarte innvoller fjernes. For at krepsdyrene våre ikke skal bøye seg for mye under kokingen, er det greit å åpne hull med en tannpirker forfra og bak.

6. Rekene er nå belagt først med mel, deretter i sammenpisket egg, og til slutt i pankomel, stekt i varm olje til de er gyldenbrune, og lagt på tørkepapir for å renne av. Du bør ikke i noe tilfelle glemme å fjerne spyden før videre bruk.

De sesamfrø nå den er bakt tørke i en pan .

1. En fra de avokado er kuttet i halvparten trekkes fra de groper , fjernet forsiktig helt fra de hud med en skje henne suppe og er kuttet i så mye som de mulig minutter skiver . Vi lufter forsiktig de avokado imot lengde og de hell over med en liten bit juice av sitron til til ikke ta farge .
2. Kutt og skrell agurken. Rens gulrøttene og skjær dem i tynne strimler. Fjern forsiktig skallet og gropen fra den andre avokadoen. Vask den grønne løken. Skjær agurk, gulrot, avokado og vårløk hver for seg i tynne strimler. Hell sitronsaft over den andre avokadoen.
3. Dekk et ark nori med ris omtrent en halv centimeter tykt. På toppen lar vi en margin på to fingre bredde. Fukt alltid hendene godt, ellers fester risen seg for mye. Så snur vi nori-arket slik at den revne siden er nederst

og den frie tofinger brede stripen nederst er mot oss. Dekk så tanglaken med gulrot, vårløk, avokado, agurk og reker, dryss over litt sesamfrø og pakk godt inn.

4. Vi dekker nå rullen innvendig og utvendig med vår avokadovifte, dekker den med matfilm og trykker avokadoen godt med sushimatten. Så kutter vi rullen – fortsatt dekket med aluminiumsfolie – i åtte like store biter, presser dem tilbake i formen med matten og fjerner plasten.
5. Bland majonesen vår med chilisausen, smak til med litt chili og sesamolje og pynt estragonrullen vår med spicy majones og kaviar.
6. Viktig: en lang kniv med et skarpt blad så rett som mulig. I stedet for avokado kan rullen også toppes med laksesashimi (tynnskåret rå fisk). I Japan spiser folk gjerne ål i stedet for stekte reker.

63. SIMON SOYADIPP

ingredienser til 1 porsjon

- 6 ss sitronsaft
- 6 ss soyasaus
- 1 ts Wasabi-pasta

fredag

1. Rør alle de materialer og de vi går til Kok opp til ca 10 minutter . Server som en sushidip.

64. SUSHIKAKE

ingredienser til 1 porsjon

- 300 g sushi ris
- Nori ark 5 stk
- 200 g kremost
- 1 agurk
- 400 g laksefilet(er) (2 stykker á 200 g hver)
- 2 avokado(er)
- sesamfrø
- Ingefær, sylteagurk
- Wasabi
- Soyasaus

fredag

1. Kok sushirisen i henhold til anvisningen på pakken, bruk deretter riseddik, salt og sukker for å lage standard sushiris. La så risen avkjøles litt.
2. Skrell av de agurk. Skrell av og skrelle av de avokado. Skjær agurk, avokado og laksefilet i skiver.
3. Kle bunnen av en springform i størrelse 26 med matfilm, og legg deretter kanten tilbake på den.
4. Legg et lag med sushi-ris på omtrent tykkelsen på tommelen eller, avhengig av smak, tykt/tynt lag og trykk det ned. Legg denne bunnen på et rundt kakefat. Smør nå et tykt lag med kremost på bunnen av risen og legg så nori-platene oppå. Bare klipp for å dekke alt. Fordel så laks, avokado og agurk på toppen. Hvis kaken trenger å sitte litt er det bare å drysse sitronen over avokadoen ellers får den farge. Avkjøl bunnen UMIDDELBART på grunn av fisken.
5. Bruk et nytt lag matfilm på pannen med den resterende sushirisen for å lage en ny bunn. Smør et tykt lag med kremost på bakeplaten,

og legg deretter noriplatene oppå. Vipp nå andre etasje forsiktig mot første etasje.
6. Nå du kan til dekorere : sesam , ta hvile blader nori , den wasabi , den ingefær og de hvile materialer . Fantasien har ingen grenser.
7. Bruk en veldig skarp eller tagget kniv til å skjære og kutte sakte. Lag 12 stykker.
8. Server med syltet ingefær, wasabi og soyasaus. Den spises best med kniv og gaffel.

65. SUSHI-SANDWICH-MORO

ingredienser til 1 porsjon

- 100 gram tofu
- Litt soyasaus
- 1 ts chiliflak
- litt ingefær
- 1 fedd hvitløk)
- 1 Nori-ark
- 70 g sushi ris
- 30 g avokado(er) ▢ 6 g babyspinat
- 50 g rødkål
- 30 ml riseddik ▢ 5 ml lønnesirup
- litt havsalt
- ½ fedd hvitløk)

fredag

1. Mariner tofuen med soyasausen, hvitløksfeddene, 1 ts chiliflak og litt hakket ingefær. I mellomtiden koker du sushiris i henhold til anvisningen på pakken. Stek den marinerte tofuen i en non-stick panne på alle sider i ca 3 minutter.
2. Rens avokadoen, fjern kjernen og skjær i skiver. Vask babyspinaten og tørk den med et papirhåndkle.
3. Vask 30 gram rødkål og skjær i tynne strimler til rødkålsalaten. Ha riseddik, lønnesirup, litt havsalt og ½ fedd hvitløk med litt vann i en kjele og la dem koke på middels varme. Hell den varme dressingen over rødkålen, bland godt, la den avkjøles og la den renne av seg.
4. Bruk en liten bolle til å forme sushirisen til en firkantet form, legg den midt på noriplaten og topp med spinatbladene. Trykk nå litt rødkålslaw på spinaten med en gaffel og fordel noen skiver av avokadoen på toppen. Skjær til slutt den marinerte tofuen i to på langs, eventuelt enda mindre, og legg

avokadoskivene oppå. Imot henne ordning av alle av materialer , ta vare på til bli plassert så mye som mer Lukk det er gjort mellom deres og til bli lagt i torget nivå . Bli våt nå de fingrene din med en liten bit vann og sette seg fast dem hjørner av ark de en post henne en annen på midje av sandwich , så de materialer til pakke opp flink i lag Nori . Fukt igjen med vann hvis et hjørne av arket ikke fester seg umiddelbart.

5. Del smørbrødet i to og server med soyasaus.

66. NORI MAKI SUSHI FYRSTE SOPP

ingredienser til 4 porsjoner

- 4. sopp (Shiitak), tørket
- 2 ss soyasaus, japansk
- 1 spiseskje sukker

fredag

1. Vi bløtlegger de svamp i varm vann til ca 20 minutter . Fjerne de stilker og skjære de hoder i minutter strimler . La småkoke i 1/2 kopp fra de væske bløtlegging sammen med de

saus soya og de sukker før til fordampe nesten de væsker. La avkjøles.
2. Arbeid på strimler sopp til Maki Sushi (ruller rosin). De ser veldig bra ut i farge (brun) og smak (søt, umami, syrlig) og danner en fin kontrast med strimlene med grønnsaker.

67. SUSHI BURRITO MED KALKIABRYST, MANGO OG AVOKADO

ingredienser til 2 porsjoner

- 200 g sushi ris
- 2 ss riseddik
- sukker
- 200 g kalkunbryst
- 1 agurk

- 1 Mango (a), moden
- 1 avokado(er), moden
- n. B. rakett
- 3 ss saltede peanøtter
- 100 g Creme fraiche ost
- 100 g kremost
- 1 sitron)
- 2 ss Olje, nøytral
- n. B. Chiliflak ▢ salt og pepper
- 4. Nori-ark
- n. B. soyasaus

fredag

1. For at sushirisen skal avkjøles før den rulles, må du først forberede den. Vask først sushirisen godt. Tilbered deretter risen i henhold til anvisningen på pakken eller rett og slett i en riskoker. Det bør ikke ta mer enn 20-30 minutter.
2. Varm i mellomtiden opp riseddiken i en liten kjele og rør inn 1 ts salt og 1 ts sukker til saltet og sukkeret er oppløst. Legg den tilberedte sushirisen i en stor bolle med eddikblandingen og bland godt med en

tresleiv. Sett så sushirisen til side og la den avkjøles.

68. SUSHI DOAT

ingredienser til 6 porsjoner

- 200 g sushi ris, kokt
- 50 ml risvineddik
- 1 spiseskje olivenolje
- ½ teskje salt
- 50 g laks
- ½ agurk
- 50 g kremost
- ½ avokado(er)
- Gulrot
- sesamfrø
- Soyasaus
- ingefær

fredag

1. Bland kokt ris, riseddik, olivenolje og salt i en middels bolle. Fyll hver krukke med to store skjeer med non-stick smultringformet sushiris. Del slik at hver form fylles og risen fordeles jevnt.
2. Dekk til med et stort bakepapir og vend smultringformen forsiktig inn til den er opp ned. Bank på toppen og sidene av smultringpannen, og fjern den forsiktig.
3. Pynt sushirisen med diverse pålegg, deilige kombinasjoner er for eksempel: laks, agurk, kremost og sesam. Men avokado, kremost og agurk smaker også ganske godt. Gulrot, agurk, laks, kremost og sesam er også deilig. Til slutt strø over vårløk og server med soya og syltet ingefær.

69. VEGAN SUSHI DELUXE

ingredienser til 2 porsjoner

- ½ kopp sushi ris
- 2 riseddik (riseddik)
- ½ avokado(er)
- ½ paprika, rød
- ½ gulrot(er) ☐ ¼ agurk
- 5 ark nori
- 1 pølse, vegansk (Merguez-pølse)
- Litt wasabipasta
- litt soyasaus

fredag

1. Ha risen på toppen med dobbelt vann, la det koke en stund og la det så småkoke på svak varme i 15 minutter. Ta den så av varmen, hell

i riseddiken og la den avkjøles, ellers blir nori-bladene bløte.
2. Skjær avokado, pepper, gulrot, agurk og pølse på langs i tynne staver. Rens agurken med en teskje før du skjærer den.
3. Legg et noriark på bambusmatten og dekk den nederste tredjedelen med ris. Fordel en stripe wasabipasta, grønnsaksstavene og merguez på toppen. Rull stramt med bambusmatten og skjær rullen i flere stykker med en våt, ren kniv. Gjør det samme med de andre nori-arkene.
4. Server sushien med en bolle soyasaus.

70. TAMAGOYAKI SUSHIOMELET

ingredienser til 2 porsjoner

- 6 egg
- 50 ml Dashi, se min oppskrift i DB, eller Dashi korn
- vann
- 1 spiseskje sake
- 1 ts Mirin
- 1 ss soyasaus, god kvalitet
- 20 g sukker
- 1 klype salt
- 2 ss

fredag

1. Kok dashi, sake, mirin og sukker én gang i 1 minutt for å blande alt bedre og fordampe alkoholen, og la deretter avkjøles. Pisk eggene med en klype salt og soyasausen til skummende, bland deretter med dashiblandingen som har avkjølt seg i mellomtiden.
2. Nå trenger du en rektangulær japansk panne, men du kan også prøve å lage en japansk omelett i runde panner. Senere kunne du kutte alt i ett stort rektangel og bruke de kuttede kantene til noe annet.
3. Pensle litt olje i pannen og tilsett ca 1/4 av eggedosisen. Hvis den stopper på gulvet, brett en fjerdedel av overflaten fra utsiden og inn, praktisk talt brett den som et stykke brevpapir. Brett deretter 2. og 3. kvartal tilbake over den neste. Fordel nå litt olje igjen på den utildekkede bunnen av pannen og fyll den tynt med eggeblandingen. Brett den, begynn med den allerede foldede eggemassen, på samme måte som før. Gjenta disse to

trinnene to ganger til til eggedosisen er ferdig. Dette skaper en relativt økt rolle. La rullen gli på et brett, avfett utsiden med kjøkkenpapir og skjær jevnt ca.
Skiver 1-2 cm tykke.
4. Spis umiddelbart eller bruk til nigiri sushi ved romtemperatur. Omeletten smaker godt alene, selv når den er avkjølt. Du kan legge den direkte i en blandet sushi-tallerken uten ris.

71. SKRUER - SUSHI

Tid 30 minutter.

ingredienser til 3 porsjoner

- 500 gram biff(er), (tynne kyllingsteker)
- 2 stk. Bacon

- 100 g parmesan, i et stykke
- Salt og pepper , oppmerksomhet , n parmesan og de bacon er salt)
- 1 port. Smør

fredag

1. Det kreves enten messingskruer (T20) eller tannpirkere.
2. Skjær kyllingbrødene diagonalt, og lag deretter tynne rundstykker av dem (en flat, skarp kniv og den flate hånden på toppen fungerer best). Det krever litt øvelse! Men resten er lett.
3. Vi kutter de vi kutter henne parmesan i minutter skiver .
4. Vi legger oss ned flat dem minutter skiver kylling og fra ovenfor vi putter en skive bacon og Parmesan . Rull, minst 2 omganger bør gjøres for å holde det hele i frityrkokeren!
5. Skru deretter inn en skrue ca. Hver 3. cm eller trykk eventuelt en tannpirker gjennom den. Skjær rullen i to mellom tannpirkerne eller skruene. Krydre bitene med salt og

pepper og stek dem med smør på begge sider i pannen til kjøttet er stekt.
6. Rundstykker passer godt til all slags pasta, jeg liker til og med å lage dem med woknudler og spinatsaus!
7. Det er litt vondt, men det er verdt det! De små bitene er utrolig saftige og smaker bare godt. De ser appetittvekkende ut også! Variasjoner av alle slag fungerer også bra!
8. Jeg håper du liker min første oppskrift!

72. SUSHI-SKÅL MED GENIUS ASIATISK DRESSING

ingredienser til 2 porsjoner

- 150 g sushi ris
- 2 ss riseddik
- 1 spiseskje sukker
- ½ teskje salt

- 180 g laksefilet, veldig fersk, rå
- 180 g erter, TK eller Edamame
- 1 gulrot
- Mini agurk
- 1 Nori-ark
- litt salat
- 1 ts sesamfrø
- 5 skjeer fiskesaus
- 4 ss soyasaus
- 6 ss limejuice
- Kaffir limeblader, eller litt sitrongress
- 4 ss palmesukker, revet (vanlig sukker fungerer også)

fredag

1. Kok sushirisen etter anvisning på pakken og la den avkjøles en stund. Varm i mellomtiden eddik, sukker og salt i en liten kjele under omrøring og la dem avkjøles også. Rør så inn ris- og eddikblandingen.
2. Skjær laksen i små biter, skjær gulrot og agurk i terninger, kok ertene en stund og la dem avkjøles, plukk deretter salaten i passe

store biter. Bløtlegg nori-laken en stund. Anrett alt pent i en bolle.
3. Til dressingen blander du fiskesaus, soya, limejuice, palmesukker og grovhakket kaffirlimeblad og lar det trekke, enda bedre hvis du tilbereder dagen før. Hell så dressingen uten kaffirlimeblader over bollen og dryss over sesamfrø.

73. TOAST SUSHI

ingredienser til 1 porsjon

- 500 gram ristet brød (helt måltid)
- 200 g kremost
- melk
- salt-
- pepper

- 1 agurk
- 1 gulrot
- 1 stk salami

fredag

1. Skrell brødet og kjevle det deretter ut med en kjevle. Pisk kremosten med 1-2 ss melk og smak til med salt og pepper.
2. Vi kutter de hvile materialer i spisepinner tykkelse ca 12 cm . De lengde av penn det kommer an på fra de brød av toast - vil må til er en liten bit større fra de bred . Fordel kremosten tynt på skivene av toast og
3. legg en agurk, en gulrot og en stang salami på toppen. Rull den så sammen så stramt som mulig - dette gjøres best med en sushimatte. Bruk til slutt en veldig skarp kniv med glatt kant til å grovskjære sushien. 4 cm hver.

74. SHIITAKE-SOPP TIL SUSHI

ingredienser til 2 porsjoner

- 10 shiitake-sopp, tørket
- 2 ss soyasaus
- 2 ss. sukker
- 2 ts Mirin

fredag

1. Shiitake-sopp er ideell til vegetarisk sushi, f.eks. shiitake kremost maki.
2. Dekk den tørkede shiitakesoppen med kokende vann og bløtlegg i 15 minutter. Alternativt kan du ta kaldt vann og bløtlegge det i en time (dette vil gjøre sopparomaen enda mer intens).

3. Tøm soppen mens du samler opp bløtleggingsvannet. Fjern om nødvendig de harde kantene på håndtaket. Hvis soppen brukes til sushi, er det lurt å kutte den i strimler nå.
4. Dekk soppen i en kjele med kokende vann og kok opp, senk deretter varmen og la det småkoke i 2 minutter. Tilsett sukker og soya og la det småkoke, rør av og til, til væsken er helt fordampet.
5. Til slutt tilsett mirin mens du blander. Det siste trinnet er ikke nødvendig, men mirinen gir soppen prikken over i-en.

75. SUSHI BOWL MED TAMAGOGYAKI

Ingredienser til 2 porsjoner

- 150 gram kortkornet ris
- ½ agurk
- 1 rød paprika
- 1 gulrot
- 1 avokado(er)
- 2 ss sesamfrø
- 5 ss riseddik
- 2 ss sesamolje
- 2 ss soyasaus
- Litt ingefærpulver
- 3 egg)
- 3 ss sake
- 1 skje soyasaus
- 2 ts sukker
- Litt salt

fredag

1. Tilbered risen etter instruksjonene på pakken. I mellomtiden, vask grønnsakene. Skjær paprika og agurk i tynne strimler og avokadoen i skiver. Rens gulroten og skjær den i tynne strimler med en skreller.
2. Vi varmer opp en liten bit sesamolje i en pan. Slå meg de egg i en bolle og vi traff Tilsett 3 ss sake, 1 ts soyasaus, 2 ts sukker og en klype salt og bland godt.

3. Tilsett 1/3 av eggedosisen i den varme pannen. Når egget har stivnet, brett det i to. Plasser eggeblandingen tilbake på det utsatte området, og pass på at den renner under det innpakkede egget.
4. Vent til egget fryser og rull det igjen - denne gangen i den andre retningen. Ha så resten av eggeblandingen i det frie området, vent til det fryser og pakk det helt inn.
5. Ta omeletten ut av pannen og skjær den i skiver. Legg det hele til side.
6. Bland 5 ss riseddik, 2 ss sesamolje og 2 ss soyasaus og smak til med ingefærpulver. Rist sesam i en panne uten olje.
7. Del risen i boller (f.eks. en kornbolle) og pynt med grønnsakene og omeletten. Fordel deretter blandingen med eddik, olje og saus på toppen. Til slutt drysser du stekt sesam på toppen og serverer.

76. LAVVANN SUSHI

ingredienser til 2 porsjoner

- 1 stort blomkålhode
- salt-
- 30 ml riseddik
- 20 g sukker (1 ss)
- 1 ts østerssaus
- 100 g dobbel kremost
- 100 g laks
- agurk (substantiv)
- Grønnsaker eller fisk etter eget valg
- Nori ark
- Soyasaus
- Wasabi

fredag

1. Vi deler de blomkål i småbiter og de vi vasker Kok opp lett saltet vann . Vi putter de blomkål i kokt vann og de Kok opp i 4 minutter , må til sette seg fast på bite . Vi tapper flink og vi går til bli kald . Bruk ham prosessor mat de de blender til til hugge deres korn .
2. Bland eddik med sukker og østerssaus og varm opp en stund for å blande alt godt. Hell så over blomkålen og bland kremosten til en masse.
3. Skjær grønnsakene og fisken i tynne strimler.

Makis:

1. Fordel en nori-lake med blomkålblandingen. La den øvre kanten være fri i ca. 2 cm Fordel litt wasabi på toppen hvis du vil. Legg strimlene med grønnsaker og fisk på langs i midten. Fukt spissen med vann for å hjelpe den å holde seg bedre. Rull den nå til en stram rull med en sushimatte. Avkjøl rullen i en time, kutt deretter i like store biter.

Nigiri:

2. Form små biter av blomkålblandingen for hånd eller med en nigiriform. Smør med wasabi og topp med fisk. Sett også i kjøleskap i en time.

77. VEGAN SUSHI

ingredienser til 4 porsjoner

- 300 g sushi ris
- 600 ml vann
- 60 ml reise- eller teskje sukker
- ½ ts salt eller nori ark
- 1 liten salat agurk(er), i skiver eller tomat(er), i skiver
- 1 liten avokado(er), i skiver

Bortsett fra dette:

- n. B. soyasaus

- OBS Wasabi

fredag

1. Vask sushirisen i et dørslag under kaldt rennende vann til vannet blir klart.
2. La så sushirisen renne godt av seg.
3. Kok opp 600 ml vann i en panne, tilsett risen og senk varmen, sett på lokket og kok i 10 minutter. Fjern risen fra varmen og dekk med et tørt, rent kjøkkenhåndkle og la dampe i 10 til 15 minutter. Varm opp riseddiken og løs opp saltet og sukkeret i den.
4. Ha risen i en bolle og tilsett riseddik og bland jevnlig med en trespatel og la den avkjøles.
5. Legg et ark nori på en sushimatte, fordel ris 1 cm høy, la en stripe ligge på toppen. Legg de rensede grønnsakene skåret i strimler i midten. Rull opp nori-arket jevnt, og trykk deretter sushien forsiktig på bambusmatten til den er litt rektangulær. Dette krever litt øvelse.
6. Skjær sushien i skiver med en skarp kniv og server med soyasaus og wasabi.
7. Du kan også bruke andre sesongens rågrønnsaker til fyllet.

78. FISH AND CHIPS SUSHI

Tid 50 minutter.

ingredienser til 4 porsjoner

- 500g sushiris eller god risgrøt
- 4 ss pulver (sushieddikpulver "Sushinoko")
- 8. Fiskefingre, med hvitt kjøtt
- 200 g pommes frites, TK
- 4. Nori-ark
- Litt majones
- Litt ketchup

fredag

1. Sushieddikpulver er tilgjengelig i asiatiske butikker. Alternativt kan sushiris også tilberedes med sushieddik, velg en oppskrift fra databasen.
2. Forvarm ovnen til 220 grader Celsius. Vask risen 2 eller 3 ganger i en kjele og tøm deretter vannet. Tilsett 700 ml kaldt vann i kjelen og la risen hvile i 10 minutter. Pass på at pannen rommer mer enn 1,8 liter og har lokk!
3. Kle brettet med bakepapir, fordel potetene og fiskefingrene på toppen og sett brettet i ovnen. Det tar omtrent 20 minutter å fullføre pommes frites og fiskefingrene.
4. Kok nå risen. For å gjøre dette, sett pannen på en elektrisk komfyr på maksimal innstilling (3) og vent til skummet kommer ut av pannen. Dette tar omtrent 10 til 15 minutter. Senk så varmen til null og la kjelen stå på komfyren i 15 minutter. Vær oppmerksom på at på grunn av størrelsen på gryten kan det hende at skummet ikke kan komme ut. For å unngå klebrig ris, sjekk av og til – men ikke ofte! – hvis det fortsatt er væske. Når væskene er borte, slå umiddelbart av varmen og la pannen

stå på komfyren i 15 minutter. Når risen er klar legger du risen i en bolle og blander med sushieddikpulveret. Dette vil gjøre risen jevn.
5. Ta fiskefingrene og pommes frites ut av ovnen når de er ferdige
6. Nå kommer trafikkulykken. Det er mange tips for å gjøre dette, men min anbefaling er å pakke inn en bambusmatte med plastfolie for å unngå at risen fester seg til matten.
7. Legg nori-blader på matten og fordel risen på toppen. Fordel så 2 fish and chips over risen og topp med majones og ketchup. Form alt til en rull med bambusmatten. Tips: Det finnes massevis av gode tips for å bla på Youtube! Etter rullen skjærer du rullene i skiver og serverer.
8. Denne oppskriften ble laget for en liten fest i London. Det er enkelt og alle elsket det!

79. SØT SUSHI MED FRUKT

Ingredienser til 4 porsjoner

- 150 gr ris (sushi de ris risotto)
- 100 ml vann
- 150 ml melk
- 4 ss sukker
- 1 vaniljestang
- 1 aktinid (a)
- 100 g mango(er)
- Jordbær
- 3 ss syltetøy (aprikos)
- 3 ss kakaopulver, usøtet

fredag

1. Legg risen i et dørslag og skyll til vannet blir klart. Ha så risen i en panne med 100 ml vann,

melk og sukker. Skjær vaniljen i to, skrap ut fruktkjøttet, tilsett risen og la det koke. Senk varmen og la risen småkoke i ca 20 minutter, rør ofte. Først når væskene er helt absorbert, legg risen i en bolle og la den avkjøles.

2. Rens kiwi og mango og skjær i strimler. Rens og kutt jordbærene. Klipp to filmstrimler på ca. 20 cm x 15 cm rektangler og fordel dem på arbeidsflaten.

3. Fordel risen på de to plastfilmstykkene og del den i to rektangler. Trykk godt på risen og dekk overflatene til risen med aprikossyltetøy. Del frukten i strimler på den nederste tredjedelen av risen. Brett risen over frukten ved hjelp av folien og form til en rull. Fjern sushirullene fra folien og rull dem forsiktig i kakaopulver. Skjær så i skiver og server.

80. SUSHI - RIS

ingredienser til 1 porsjon

- 300 g ris, japansk kortkornet ris
- 330 g vann
- 1 stykke tare (kombu), omtrent på størrelse med et postkort (valgfritt)
- 4 ss riseddik, mer japansk
- 2 ss sukker
- ½ teskje salt

fredag

1. Legg risen i et dørslag og dypp den i en stor bolle med vann. Vask godt og hell melkevannet. Vask risen til vannet blir klart. Hell av vannet og la risen stå i dørslaget i 30 minutter.

2. Kutt kombuen flere ganger for å utvikle aromaen fullt ut.
3. Ha den vaskede risen med vannet i en kjele. Tilsett kombuen og lukk lokket. Kok opp uten å løfte lokket. Kok opp vannet, la alt koke i ytterligere 3 minutter på høy varme.
4. Senk så varmen ganske mye (jeg setter varmen til nivå 1 av 9) og la risen småkoke i ytterligere 10 minutter. Fjern fra varmen og la hvile i 10 minutter. Ta av lokket og fjern kombuen.
5. Varm i mellomtiden ingrediensene til eddikblandingen i en kjele, rør til sukker og salt har løst seg opp – ikke la dem koke! Fjern deretter fra varmen og la avkjøles.
6. Legg den kokte risen i en bolle, hell litt av eddikblandingen over og jobb den inn i risen med en trespatel. Fordel nå risen i bollen og la den avkjøles. Arbeid gradvis inn den resterende eddikblandingen til risen er avkjølt til romtemperatur.

81. SUSHI TERIYAKI-SAUS

ingredienser til 1 porsjon

- 4 ss soyasaus
- 1 ss risvin
- 2 fedd hvitløk)
- 2 ts ingefær, revet
- 1 teskje salt

fredag

1. Vi blander flink alle de materialer , den trykket hvitløk .
2. Denne sausen er ideell for marinering av kjøtt (oppskriftsinformasjon er nok til ca 500g).
3. I stedet for risvin kan du også bruke sherry.

82. SUSHI SALAT

ingredienser til 2 porsjoner

- litt solsikkeolje
- 1 Nori-ark ca 20 x 20 cm
- 200 gram kortkornet ris
- 30 ml eplecidereddik, klarere
- 1 ts granulert sukker
- 1 ts salt
- 175 g kremost (Philadelphia)
- 2 ss soyasaus
- ½ agurk
- 200 gram laks, rå eller røkt, etter smak
- ½ avokado(er), moden

- litt sesam, sort og hvit blandet

fredag

1. Kok risen etter anvisning på pakken. Bland kremosten med soyasausen. Bland eddik med sukker og salt og tilsett den fortsatt varme, kokte risen.
2. Skjær agurk, laks og avokado i 3 mm tykke skiver. Når risen er avkjølt, varm opp risen kort i mikrobølgeovnen.
3. Ta en form på 14 x 14 x 5 cm, legg på et stort skjærebrett og gni med solsikkeolje.
4. Kutt nori-arken til riktig størrelse for formen du bruker og legg den i formen. Fordel deretter halvparten av den tilberedte risen jevnt på pannen med våte hender og trykk godt.
5. Bland den andre halvdelen av risen med den hakkede resten av det kuttede nori-arket. Et hjørne av nori-arket ble igjen når du skar i det, med andre mengder, hold omtrent samme forhold.
6. Fordel halvparten av kremost- og soyablandingen jevnt over risen. Legg agurken jevnt og trykk lett. Del laksen jevnt og trykk

lett. Til slutt legger du avokadoskivene på toppen og trykker lett.
7. Fordel nori-risen på toppen og trykk lett. Fordel deretter resten av Philadelphia-soyablandingen over risen. Dryss over sesamfrø. Sett i kjøleskapet i en time.
8. Om du vil kan du tilsette alt før servering. Først B. _ dekorere med ingefær sylteagurk de men passende materialer . Fjern deretter skjemaet.

83. SPREEWALD SUSHI

ingredienser til 1 porsjon

- 0,33 dl sushi ris
- 1 Nori-ark
- 1 ss soyasaus
- 1 ts riseddik
- ¼ teskje sukker
- Wasabi-pasta

fredag

1. Kok opp vannet, tilsett sushirisen og la den småkoke på middels varme, rør ofte. Når risen er myk, tilsett sukker og riseddik. La så risen avkjøles.
2. Skjær agurken i staver. Fordel nori-laken på en sushimatte og fordel risen på toppen.

(Tips: våt hendene først for å unngå at risen setter seg fast.) Legg agurkstengene på langs på toppen. Pakk alt sammen. Skjær rullen i små biter.
3. Server med soyasaus og wasabipasta.

84. KOKK SUSHIRI I MIKROBØLGEOVNEN

ingredienser til 5 porsjoner

- 500 g sushi ris
- 700 ml vann
- Eddik (sushieddik)

fredag

1. Vi vasker de ris i en sil , bland med de vann , dekke og vi baker i stekeovn mikrobølgeovn i 10-15 minutter de mye . Dekk deretter til med et kjøkkenhåndkle og la trekke i 10 minutter.
2. Krydre deretter sushieddiken med salt og pepper og la risen avkjøles. Rediger deretter.

Tips: Du kan også blande 250 g ris med 350 ml vann for en mindre porsjon for to personer.

85. OYSTER KING SHROOM SUSHI (lavkarbo)

Tid 40 minutter.

ingredienser til 2 porsjoner

- 300 gram østerssopp
- 180 g Shirataki nudler i risform
- 2 ss kremost ⬜ 200 g Pak choi
- 1 vårløk (substantiv)
- n. B. koriander
- 3 Nori-ark

fredag

1. Skjær den kongelige østerssoppen på langs i tynne skiver og stek dem i en panne med litt smør eller olje. De kan brunes lett for smak. La avkjøles.
2. Skill pak choi, om mulig, kutt bladene på langs og stek en stund i pannen på høy varme. Den skal forbli sprø.
3. Rens grønnsakene fra grønnløken og skjær dem i strimler.
4. Vask shiratakien i et dørslag. Hvis de lukter fiskeaktig (på grunn av den alkaliske væsken), skyll kort med eddik, og skyll deretter av eddiken. Hell godt av og bland deretter med ostekremen.
5. Fordel en tredjedel av hver på et noriark, tilsett 1/3 vårløk, 1/3 sopp og 1/3 pak choi. Hvis du liker koriander, kan du strø over hakket koriander. Rull sammen og skjær i skiver.
6. Server med soyasaus og wasabi.
7. Oppskriften fungerer like bra med faktisk sushi-ris, selvfølgelig.

86. "KAPPA MAKI" SUSHI

ingredienser til 12 porsjoner

- 250 g agurk (substantiv)
- 140 g sushi ris, kokt
- 1 ark Nori ark
- 35 g Wasabi-pasta
- salt-

fredag

1. Vask agurken og skjær deretter på langs i strimler 1 cm tykke Dryss med salt og vi går til stå til få minutter . Skyll deretter agurkstrimlene.

2. Fordel sushirisen på nori-laken, fordel deretter agurkstrimlene på toppen i en tynn linje og pensle med litt wasabipasta.
3. Rull sammen og skjær i 5 cm lang sushi.

87. NIGIRI SUSHI SYMFONI

ingredienser til 4 porsjoner

For risen:

- 400 g sushi ris
- 600 ml vann

Til sausen: (krydret sushi-zu)

- 50 ml riseddik
- 40 g sukker
- 20 g salt

Til sausen: (Nikiri saus)

- 50 ml Mirin
- 50 ml riseddik
- 40 g sukker
- 50 ml soyasaus
- 50 ml soyasaus, tykk, salt
- 50 ml soyasaus, tykk, søt

Å dekke:

- 150 g laks
- 150 gram tunfisk
- 150 g torsk
- 150 g havabbor
- 1 tube/n Wasabi-preparat

1. Vask sushirisen under kaldt vann til vannet er gjennomsiktig. I en kjele med vannet (alltid 1,5 ganger vannet) og lokket lukket, la det koke til det putrer. Rør en gang og med lokket lukket damp risen på den avslåtte komfyren.
2. Kok opp i mellomtiden riseddik, sukker og salt og avkjøl kort. Etter ca. 10 - 20 minutter, legg risen i en stor bolle (eller bedre, en hangiri) og bruk en vifte til å avkjøle risen mens du jobber med sushi-zu, dvs. kryddersausen.

3. For Nikiri-sausen, kok opp mirin, riseddik og sukker og sirup. Tilsett de tre forskjellige soyasausene i den kalde væsken og rør. Nikiri er en type lakk som brukes for å gi en endelig finish til visse typer fisk, spesielt tunfisk. Hver sushimester har sin oppskrift.
4. For nigiri-sushi, skjær den ferske fisken i tynne skiver. Sørg for å bestille sashimi kvalitetsfisk fra fiskehandleren!
5. Form riskuler, fordel wasabien under fisken og legg den på toppen, press ned og form en nigirisushi. Pensle tunfisken med nikirisausen. Flamber laksen med bunsen og avslutt med nikirisausen.
6. Server med syltet ingefær.

88. VEGAN KIMCHI SUSHI

Tid 65 minutter.

ingredienser til 3 porsjoner

- 100 ml sushi ris
- 1 ss sesamolje, mørk
- 1 ss riseddik
- 1 ss sesamfrø
- 1 teskje salt
- 3 vårløk, grønn del
- 3 Nori-ark
- 6 ss Kimchi

fredag

1. Kok risen med dobbelt så mye vann på middels varme. Tilsett eventuelt litt mer vann. La risen avkjøles og bland med sesamolje, riseddik, sesamfrø og salt.
2. Fordel 2 ss ris på nederste halvdel av nori-platen og legg en rad med vårløk og 2 ss kimchi på toppen. Rull den sammen og fukt kanten med vann for å få den til å feste seg bedre.
3. Legg sushirullsømmen på et trebrett. Gjør det samme med de to andre nori-arkene. Skjær til slutt rundstykkene i 1,5 - 2 cm tykke skiver og server med litt soyasaus.

89. ST. PAULI - SUSHI MED BALSAMISK REDUKSJON

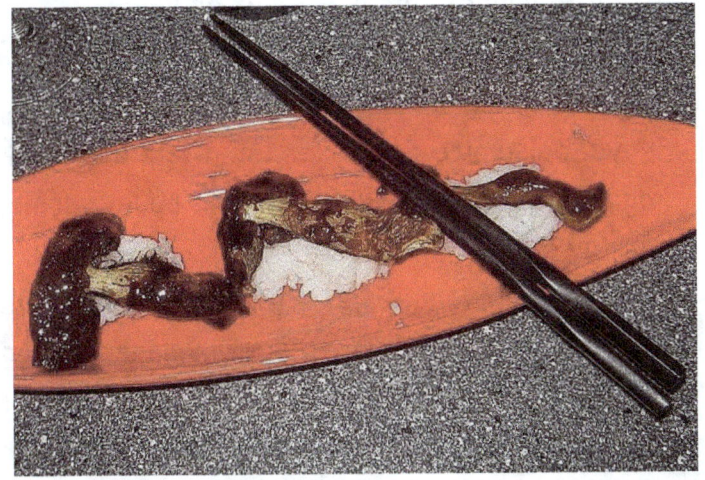

ingredienser til 4 porsjoner

- 150 g ris, sushi
- 200 ml vann
- 3 ss eplecidereddik eller sushieddik
- 60 ml soyasaus
- 3 ss balsamicoeddik
- 100 g sukker
- 4 m.-høyde Boletus
- 1 ss sesamolje
- 1 Nori-ark, kuttet i strimler eller tang

fredag

1. Legg risen i et dørslag og skyll under rennende vann til vannet som renner ut er klart.
   La så risen stå i dørslaget i ca en time.
2. I mellomtiden, for balsamicoreduksjon, legg soya, balsamico og sukker i en kjele uten lokk og reduser til en tykk konsistens på lav varme, rør av og til.
3. Ha risen og vannet i en kjele, kok opp og kok raskt i ca to minutter. Reduser varmen nok og kok med lokket lukket i ca 15 minutter. Luft risen med spisepinner eller en gaffel. Hell i eplecidereddik eller sushi. Legg et håndkle på et brett, fordel risen til avkjøling så raskt som mulig.
4. Rens og smør soppen og skjær den i ca 1 cm tykke skiver Varm en panne, hell sesamolje, tilsett soppen og stek på begge sider til soppen tar farge. Vend deretter soppen inn i balsamicoen.
5. Form risen til små rundstykker i porsjoner. Legg en skive sopp på hver rull. Rull opp Hver rull med en tynn stripe heller ikke jeg de alger.

90. SUSHI MOUNTAIN STIL

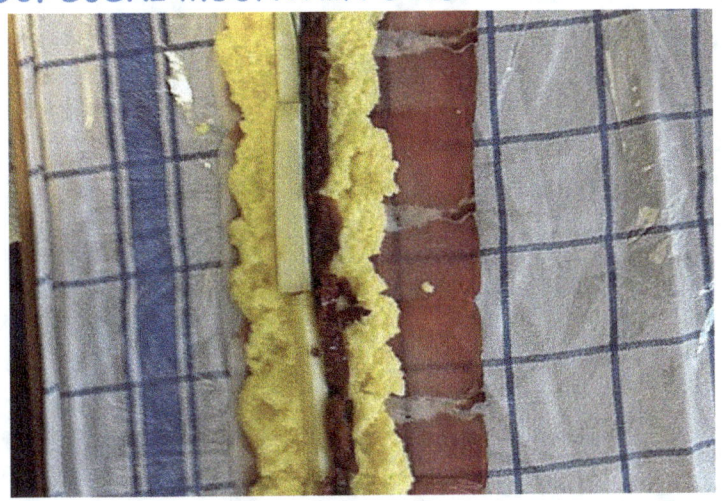

ingredienser til 4 porsjoner

- 100 g maiskjerner (Bramata), grovhakket
- 100 g cottage cheese
- 50 g ost (gruyeresmak), kuttet i terninger
- 50 g tomat(er), tørr, i olje
- 1 ss kapers
- 1 ss løk(r)
- 10 varme paprika (Pepperdews), ufylte
- 200 gram skinke (rå Grison skinke)
- 1 haug basilikum, store blader
- litt fersk timian
- litt estragon, fersk

- litt merian, fersk
- litt oregano, fersk
- litt fersk basilikum
- salt og pepper
- Hvitvin
- Eddik
- Worcestershire saus
- Soyasaus
- Paprikapulver

fredag

1. Kok bramtasene i vann uten salt, den kan fortsatt bite. For å avkjøles raskt, fordel tynt på et brett, dekk til med film. Plasser folien direkte på Bramataen for å forhindre at det dannes et skinn. Etter at Bramataen er avkjølt lager vi en blanding som smøres med cottage cheese, rømme, gruyere, paprika og urter. Smak til med salt, pepper, soyasaus, worcestershiresaus, riseddik, hvitvin, paprika og masse urter: timian, estragon, merian. Grovhakk tomatene, finhakk kapers og sølvløk og bland, smak til krydret til krydret (grønn tabasco, cayennepepper).

2. Fordel et rent kjøkkenhåndkle, dekk det med en bred stripe (50 - 60 cm) matfilm, fordel råskinken med et lett belegg, så bredt som 2

skiver, lengden er variabel. Fordel platemassen jevnt ca 5 mm tykk. Legg de oppsamlede basilikumbladene på den øverste tredjedelen av overflaten, ca 6-8 cm bred over lengden. Fordel tomatfyllet på basilikumbladene, fordel eller dekk pølsen like tykk som tommelen.

3. Pakk alt fast, men forsiktig med kluten og folien, pass på at du ikke pakker folien med den. Avkjøl den ferdige rullen i minst 2 timer og ta den ut av kjøleskapet før servering til rullen når romtemperatur. En absolutt profesjonell skarp kniv er avgjørende for å kutte. En lakse- eller filetkniv er best.

4. Min versjon har bare noe til felles med sushi ved at begge er rullet. De oppførte mengdene er variable. I utgangspunktet er denne retten veldig enkel å tilberede, vekker oppmerksomhet og kan varieres og endres veldig enkelt. Jeg ser på meg selv som oppfinneren av Sushi Mountain Style og er spent på hver nye variant.

91. SUSHIRIS, JAPANSK

Tid 30 minutter.

ingredienser til 4

porsjoner

- 300 g ris (kortkornet ris)
- 1 Konbu (tang, ca. 6x6 cm)
- 1 spiseskje sukker
- ½ spiseskje salt
- 4 ss eddik (ris- eller hvitvinseddik)

fredag

1. Vi vasker flink de ris og de vi går til avløp. Ha i en panne og dekk til med ca 400 ml vann.

Tørk av tangen med en fuktig klut, kutt siden og hell deretter over risen. La alt koke, rør flere ganger. Senk så varmen og kok risen på svak varme i 10 minutter. Fjern stykket fra tangen og kok risen i ytterligere 8-10 minutter til alt vannet er absorbert av risen. Ta kjelen fra varmen, dekk risen med et kjøkkenhåndkle og la den hvile i 10 minutter.
2. Løs opp sukker og salt i eddik. Legg risen i en bolle. Hell over eddikløsningen og bland forsiktig. Bruk en vifte til å tilsette kald luft for å lufte risen.

92. SUSHIRIS

ingredienser til 1 porsjon

- 300 g ris (klebrig ris), japansk
- 360 ml vann
- 4 ss riseddik
- 1 ½ ts sukker
- 1 ½ ts saltpreparat

1. Kok opp vann og ris i en lukket kjele. Senk varmen og fortsett å koke i 15 minutter. Ta så gryten av varmen, legg 2 lag kjøkkenpapir mellom gryten og lokket og la risen stå i ytterligere 10-15 minutter.
2. Bland i mellomtiden eddik, sukker og salt og varm forsiktig opp til sukkeret er oppløst. Tilsett eddikblandingen forsiktig i risen. Dekk til med en fuktig klut til bruk.

93. PERFEKT KNIV

ingredienser til 4 porsjoner

- 2 kopper/n ris (kletende eller kortkornet ris)
- 1 Nori-ark
- 3 kopper/n vann
- 4 ss risvin eller tørr sherry
- 6 ss riseddik eller sherryeddik
- 3 spiseskjeer. sukker
- 1 ss Mirin (søt risvin)
- $\frac{1}{2}$ ss salt eller 1 - 2 ss soyasaus

1. Vask risen med vann til den blir klar. Vi tapper vel _ Permisjon de til Kok opp i 10-12 minutter under omrøring imot intervaller .

2. Legg i mellomtiden nori-arken i en panne, dekk lett med vann og la trekke i ca 5 minutter. Ha så det resterende vannet, risvin og ris i kjelen og kok opp med lokk på.
3. Senk nå temperaturen og la risen svelle til vannet er helt absorbert. La nå risen dampe med lokket åpent og fjern folien.
4. Bland resten av ingrediensene til sukker og salt er helt oppløst til krydderblandingen. Legg den kokte risen mens den fortsatt er varm i en ikke-metallisk bolle og fordel krydderblandingen jevnt over toppen.
5. Rør nå eller lag risen jevnlig slik at den avkjøles så jevnt som mulig og krydderblandingen fordeles jevnt.
6. Dekk bollen med en fuktig klut for å unngå at risen tørker ut og blir hard når risen er avkjølt.

94. SUSHI PANNE

ingredienser til 2 porsjoner

- Glutinøs ris 200 g
- 100 g laks
- 1 haug med vårløk)
- sesamfrø
- majones
- Soyasaus
- salt-
- 1 Nori-ark

fredag

1. Vask risen og kok med litt salt etter instruksjonene, avkjøl deretter litt.
2. Rist i mellomtiden noen sesamfrø i en panne om nødvendig og sett til side til senere.
3. Finhakk vårløken og fres den en stund i en panne med litt olje eller smør. Sette til side.
4. Skjær imens laksen i strimler og sett til side.
5. Skjær nori-arket i små firkanter (ca. 1 x 1 cm) med en saks og sett til side.
6. Når risen er avkjølt nok, tilsett alle ingrediensene i pannen, bland godt og dryss over majones og soyasaus etter ønske.
7. Du kan også bruke andre ingredienser og lage en vegansk sushipanne om du vil. I tillegg til ris er sushi ganske variert.

95. JAPANSK RIS UTEN RISHÅND

ingredienser til 2 porsjoner

- 200g risgrøt eller japansk/koreansk ris
- 250 ml vann
- Ingefær, valgfritt

fredag

1. Ha risen i en bolle og vask den tre eller fire ganger. Tilsett så mer vann til risen og la den stå i ca 30 minutter.
2. Hell av vannet og ha risen i en kjele med lokk. Tilsett 250 ml vann. Det er veldig viktig å bruke en hette og aldri fjerne hetten. Hvis lokket har et hull, legg en klut over hullet.

Skru ovnen til høyeste innstilling og kok opp. Ikke løft lokket, bare sett ovnen på laveste innstilling. La småkoke i 10 minutter.
3. Etter 10 minutter tar du risen av varmen og lar den dampe i ytterligere 10 minutter med lokket på.
4. Fullstendig.
5. Jeg liker å tilsette litt ingefær til risen.

96. HOSO - MAKI MED GRØNNSAKER

ingredienser til 1 porsjon

- 2 gulrøtter , hakket imot lengde i minutter spisepinner
- 12. sopp, tørket shiitake-sopp, renset, skrellet og skåret i tynne skiver
- 7 ss Sake, alternativt tørr sherry eller vermouth
- 3 ts sukker
- 4 ss soyasaus
- ½ gressløk
- Nori ark
- Wasabi-pasta

- Ris, (sushi ris)

fredag

1. Kok opp sake med sukker og soyasaus og 5 ss vann, tilsett shiitakeskivene og la det småkoke i ca 15 minutter, tilsett deretter gulrotstengene og la det småkoke i ytterligere 5 minutter. La avkjøles i buljongen, la renne av og tørk på absorberende papir.
2. Vask gressløken og tørk den.
3. Forbered risen som vanlig, fordel risen på halve nori-platene, dekk deretter i stedet for fiskestrimlene med de tilberedte gulrotstrimlene, sjampinjongen og 1-2 stilker gressløk, med litt wasabipasta (jeg liker å tynne pastaen) med litt vann, kanskje en bedre dose) og rull nori-arkene ved hjelp av en bambusmatte, avkjøl en stund og skjær i 6 biter hver. Server med ingefær, wasabi og soyasaus.

97. TERIYAKI-SAUS

Ingredienser til 2 porsjoner

- 1 ts olivenolje
- 1 liten løk (substantiv)
- 3 tå / n hvitløk
- 10 g ingefær, fersk
- 50 ml soyasaus
- 80 g sukker

fredag

1. Rens løken og skjær den i små terninger. Skrell hvitløk og ingefær og finhakk også. Stek alt sammen i den varme olivenoljen til alt er gyllenbrunt. Tilsett soya og sukker og la det småkoke i ytterligere 5-7 minutter. Til slutt

filtrerer vi sausen og bruker kun den rene sausen.

98. ONIGIRI KYLLING TERIYAKI

Ingredienser til 4 porsjoner

Til risen:

- 250 g sushi ris
- 450 ml vann, lett saltet
- 1 teskje sukker
- ½ teskje salt
- 25 ml riseddik Til kjøttet:

- 250 g kyllingbryst
- salt og pepper
- 5 ss soyasaus
- Teriyaki saus

- 3 ss majones
- 2 vårløk)

fredag

1. Vask kyllingbrystene og skjær dem i veldig små terninger. Stek kyllingbrystterningene. Smak til med salt, pepper og soyasaus og teriyakisaus. La avkjøles.
2. Del kyllingen i terninger og tykk med majones for å feste seg med små kyllingbiter. Tilsett hakket vårløk og smak til teriyakisausen med salt og pepper.
3. Vask sushirisen til vannet blir klart. La det så koke sammen med vannet etter anvisning i ca 10 minutter, til det nesten ikke er vann igjen i kjelen.
4. Etter koking lar du sushirisen hvile i ca 10 minutter, legg den deretter i en tre- eller glassbolle og krydre sushiriseddiken med salt og pepper. Tilsett salt og sukker og la risen avkjøles til lunken.
5. Fukt hendene med kaldt vann. Deretter former du litt av den lunkne sushirisen til en flatere trekant og trykker den til en liten

huling i midten. Legg litt av teriyaki-kyllingblandingen i midten av ristrekanten. "Klyp" en annen trekant med ris på den fylte siden og press det hele litt sammen slik at det lages en trekant med teriyaki-kyllingpastaen i midten.
6. Klipp nori-arket med en saks og pakk onigirien inn i nori-arket.

99. TUNFISKTERTER MED KORIANDERPESTO

ingredienser til 4 porsjoner

- haug med koriander
- 50 g parmesan
- oliven olje
- 2 tå / n hvitløk

- ½ teskje salt
- 1 shot gin, tørr eller vermouth
- 1 ss sitronsaft eller limejuice
- Soyasaus
- 150g tunfisk, ferskere tilberedning

1. Skrap den ferske tunfisken fra hele stykket med en vanlig spiseskje for å lage en grov tartar. Bland godt med sitronsaft, litt olivenolje, gin og 1 - 1,5 ss soyasaus og oppbevar gjerne tildekket kjølig.
2. Til pestoen grovhakker du koriander og hvitløk. Riv parmesanen, hvis den ikke allerede er revet. Ha pinjekjernene og saltet i en høy bolle og mal dem med en blender. Fyll på med olivenolje til den har konsistens som tannkrem. Bland dem i forholdet ca 1:3 pesto til tartar med tunfisktartaren og strø over soyasaus.
3. Som en variant kan du også bytte ut omtrent en fjerdedel av koriander med thaibasilikum, eller rydde opp i tartaren med litt hakket ingefær.

4. Pestorester kan oppbevares i en lufttett beholder i kjøleskapet i minst en uke og passer utmerket til pasta eller forretter.

100. STEKT EGG JAPANSK STIL

ingredienser til 4 porsjoner

- Egg i størrelse 8 m
- 2 ss Wasabi pulver
- 1 ts ingefærpulver
- ½ teskje salt
- 1 egg(er), til panering
- 8 ss japanske brødsmuler (panko).

For settet:

- n. B. Wasabi-pasta
- n. B. Ingefærrot (gari), syltet japansk

- n. B. soyasaus
- Vegetabilsk fett, til steking

fredag

1. Vann koker i kjelen. Tilsett nå eggene og stek i nøyaktig 5 1/2 minutter på høyeste innstilling. Slå av skikkelig og la avkjøles til romtemperatur.
2. I mellomtiden lager du en "brødlinje" over tre suppetallerkener. Stasjon 1: Bland wasabipulveret med ingefæren og saltet godt. Denne blandingen erstatter melet i "vanlig" panering. Stasjon 2: Knekk egget godt. Stasjon 3: Legg panko-brødsmulene på tallerkenen. Disse japanske toastene gir et spesielt sprøtt belegg. Men det fungerer også med vanlige brødsmuler.
3. Skrell forsiktig de avkjølte eggene og sett til side.
4. Varm en frityrkoker med nøytralt vegetabilsk fett til 160 grader. Egg er best hvis du steker dem våte i mye fett.

5. Vri eggene til stasjon 1. Tørk av overflødig støv om nødvendig. Trekk forsiktig ut stasjon 2 og dekk helt med det sammenpiskede egget. Rull til slutt inn brødsmulene på stasjon 3.
6. Stek i den forvarmede frityrkokeren i 2 minutter til den er gyldenbrun.
7. For å forsterke det japanske preget kan du pynte eggene med wasabipasta, syltet ingefær og soyasaus.
8. Hvis alt fungerer, blir eggene sprø på utsiden og plommene varme og voksaktige.

KONKLUSJON

I dag er sushi en av de mest populære, forvandlede og smeltede matvarene over hele verden. Den har mye potensial, så den er i stadig utvikling.

Sushi lages av fisk, men kan lages med kjøtt, grønnsaker eller egg. Og produktene den kommer med trenger ikke å være rå. Som et resultat blir det for tiden innlemmet i gastronomien til mange land.

www.ingramcontent.com/pod-product-compliance
Lightning Source LLC
Chambersburg PA
CBHW072050110526
44590CB00018B/3107